Para

Com votos de muita

paz e luz.

/ /

UMBERTO FABBRI
JAIR DOS SANTOS

MasterBooks

CLUBE
DAS
SOMBRAS

CLUBE DAS SOMBRAS
An imprint of MasterBooks
6136 NW 53rd Circle, Coral Springs, FL 33067
Email: Masterbooks@masterbooksus.com
Contact@masterbooksus.com

MasterBooks

CLUBE DAS SOMBRAS

International Cataloguing Information in Publication
CLUBE DAS SOMBRAS / Umberto Fabbri - Florida - US

For information about bulk discounts or to purchase copies of this book, please contact MasterBooks at 954-850-2129 or contact@masterbooksus.com

Cover by André Stenico
Revision by Maria Esguicero

Printed in the United States of America

230 p

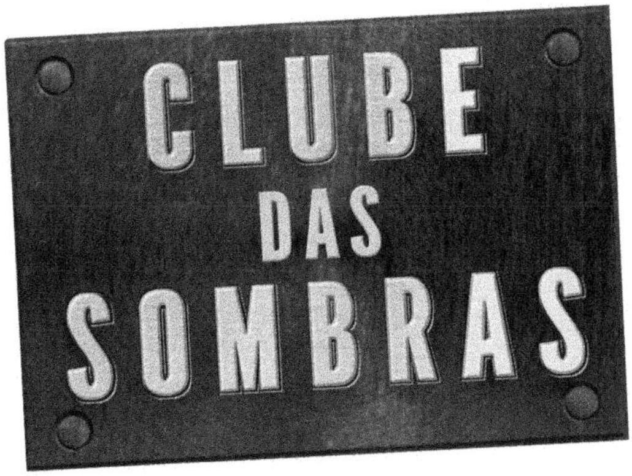
CLUBE
DAS
SOMBRAS

SUMÁRIO

Prefácio 9

Capítulo1 - Conversa familiar 11

Capítulo 2 - O psicopata... 19

Capítulo 3 - O verdadeiro Joaquim.......................... 31

Capítulo 4 - Valores distorcidos 37

Capítulo 5 - Similaridade vibratória 45

Capítulo 6 - O predador 53

Capítulo 7 - Supremo desrespeito 59

Capítulo 8 - O teatro do horror 65

Capítulo 9 - Ídolo das sombras................................. 71

Capítulo 10 - Conexões sombrias............................ 77

Capítulo 11 - O especialista................................... 83

Capítulo 12 - Missionário das trevas 89

Capítulo 13 - O médium do mal 95

Capítulo 14 - Inveja e ódio 101

Capítulo 15 - Frieza e crueldade.......................... 107

Capítulo 16 - Reavaliando posições....................... 117

Capítulo 17 - A vida como negócio 123

Capítulo 18 - O executivo do mal 129

Capítulo 19 - O candidato................................... 135

Capítulo 20 - O chefão....................................... 141

Capítulo 21 - Na dimensão espiritual.................... 147

Capítulo 22 - Nada é por acaso............................ 155

Capítulo 23 - Trabalho paciente 163

Capítulo 24 - O governador 169

Capítulo 25 - Deus não tem pressa... 177

Capítulo 26 - Tempos de mudança 185

Capítulo 27 - Guerra declarada 193

Capítulo 28 - Fatalidade evolutiva........................ 199

Capítulo 29 - Questão de justiça........................... 207

Capítulo 30 - Informações adicionais..................... 215

Capítulo 31 - Visita útil...................................... 223

PREFÁCIO

A Justiça do Senhor manifesta-se em toda a Sua Criação, e, à medida que vamos conquistando novos patamares de evolução, nos conscientizamos de que a liberdade sem responsabilidade gera os inconvenientes em nossa caminhada.

Livre-arbítrio sem o norte do Evangelho de Jesus é como o fogo sem controle, danificando tudo o que encontra à sua frente.

Os personagens desta história utilizaram erroneamente a bênção da escolha, desrespeitando a si mesmos e aos seus semelhantes em equívocos sucessivos, impetrados nas duas dimensões da vida, com o interesse exclusivo na manutenção de um poder efêmero e comprometedor.

Por meio de uma narrativa simples e objetiva são apresentados palidamente alguns aspectos de organizações criminosas, sustentadas por mentes que ainda não se abriram para Jesus.

Como era de se esperar, a identidade e mesmo a nacionalidade de pessoas direta ou indiretamente envolvidas nos episódios infelizes foram preservadas, visto que procurou-se apenas destacar ao amigo leitor os pontos mais importantes que envolvem todos aqueles que se afastam da bondade divina, que habita o interior de cada um potencialmente, aguardando somente a boa vontade em exercitá-las.

Que o Senhor nos abençoe e ilumine nossas existências!

Jair dos Santos

CAPÍTULO 1

CONVERSA FAMILIAR

Amanhã estava extremamente fria no Hemisfério Norte, onde o cair da neve era esperado a qualquer momento. A família de Joaquim imigrara para os Estados Unidos havia pouco tempo e experimentava as agruras iniciais da adaptação, não somente em relação ao clima, mas também aos usos e costumes da sociedade norte-americana.

Foram bem-recebidos pelos moradores da pequena cidade onde residiam. Paulo, o pai de Joaquim, fora transferido pela companhia onde trabalhava em Portugal, com a responsabilidade de gerenciar a filial que acabara de ser inaugurada naquele país. A empresa buscava se firmar no ramo de alimentos congelados, contudo os desafios eram enormes. As margens de lucro eram as mais enxutas possíveis a fim de competirem adequadamente com os concorrentes e se solidificarem naquele novo mercado.

Trabalhava até altas horas da madrugada quase a semana toda.

Era casado com Josiane, em segundas núpcias, e Joaquim era o único filho do casal. De nacionalidade portuguesa, a família experimentava pela primeira vez a vida fora da terra natal.

O casal detinha uma formação filosófica espírita de

berço. Ambos foram influenciados pelos pais, que haviam se convertido na mocidade para a Doutrina do Evangelho Redivivo. Paulo, em uma de suas conversas com a esposa, disse:

— Querida, as preocupações em relação à nossa origem procedem apenas em parte, concorda?

— Como assim, meu bem?

— Na realidade, o que são as fronteiras no planeta para nós que somos Espíritos imortais? Se analisarmos logicamente, quem, de fato, pertence ao país X ou Y? Somos como verdadeiros alunos desta escola, de onde seremos, um dia, convidados a nos retirar, e, ao voltarmos em novas reencarnações, que país será mais importante para a nossa evolução?

— Entendo que possa ser aquele que ofereça melhores condições para o desenvolvimento de nossas potencialidades, não?

— Sim, Josiane. Você tocou no ponto exato. O que são as fronteiras para nós que nem da Terra somos? Nossa realidade não é cósmica? Não somos cidadãos do Universo antes de sermos deste ou de outro planeta? Portanto, o relacionamento e a aceitação de nossos irmãos americanos dependerão da maneira como man-

tivermos o nosso padrão vibratório de atração ou re-
pulsa. Já que aceitamos a transferência para os Estados
Unidos, teremos que nos esforçar para que a adaptação
possa ocorrer no menor prazo possível.

— Sim, querido, concordo. Todavia, tenho preocupações relativas ao Joaquinzinho, que é uma criança
em início da fase escolar.

— Creio que será melhor para ele. Nosso filho poderá ser alfabetizado em duas línguas e terá um ganho
real para o seu próprio futuro, não acha?

— Bem, acho que sim. Mas é que tudo é tão difícil!
Quando residíamos em Coimbra, estávamos próximos
de todos os nossos familiares e a nossa vida era muito
mais fácil. Você há de concordar.

— Com certeza. Porém, os meus ganhos também
eram limitados. A transferência para este país melho-
rou em muito nossa qualidade de vida e os benefícios
que a empresa concedeu, como escola, plano de saúde,
moradia, entre outros, foram extremamente atrativos,
considerando ainda o meu plano de carreira.

— E o que eu vou fazer agora? Em Coimbra, tinha a
minha loja vendendo os doces que eu mesma produzia.
Aqui não me sinto ocupada o suficiente.

— Entendo sua posição, mas praticamente acabamos de chegar. Para as pessoas que são ativas e interessadas no trabalho, a ocupação sempre aparece. Lembro-me deste ensinamento de Emmanuel pela psicografia de nosso querido brasileiro Francisco Cândido Xavier: *"O trabalho aparece quando o trabalhador está pronto".*

— Sim, eu sei, mas...

— Josiane, vamos nos recordar de um item importante?

— Qual, Paulo?

— Nossa lojinha vivia muito mais no prejuízo do que no lucro, não era assim? Você trabalhava muito e não necessariamente via a cor do dinheiro.

— Também, com a concorrência dos grandes mercados e lojas mais sofisticadas...

— Sim... Sim... Contudo, nossa vida tem melhorado com a vinda para cá.

— Isso é inegável. Porém, me pergunto; serei feliz aqui?

— Felicidade, minha querida, é uma construção interior, conforme sabemos. É o exercício daquilo que temos em nosso íntimo. Só é infeliz aquele que não desperta ou não cultiva os seus potenciais. Jesus não nos ensinou quanto a isso?

— Sim, Paulo, na passagem "vós sois deuses"...

— E você já viu algum deus infeliz, Josiane?

— Ora, eu vou preparar o jantar.

— Vá, minha deusa, vá...

CAPÍTULO 2

O PSICOPATA

O tempo passou rápido, principalmente para o marido de Josiane, que administrava grande volume de trabalho, exigindo viagens constantes para vários pontos do país, a fim de abrir novas frentes, contratar equipes de vendedores e ampliar com muito êxito a filial americana.

A jovem senhora decidiu intensificar seus conhecimentos na língua inglesa e matriculou-se em uma universidade, optando pelo curso de psicologia, área que sempre fora de seu interesse.

Pela condição financeira na época de seus estudos em Coimbra, decidira cursar administração de empresas. Foi quando acabou conhecendo Paulo, que passou a ser seu colega de turma e, posteriormente, seu marido.

Ele era oito anos mais velho que a esposa, e a faculdade de administração fora a segunda que cursara em sua vida. Casou-se muito jovem. Sua primeira esposa faleceu dois anos após o matrimônio, vitimada por um acidente vascular cerebral, fato que levou Paulo a ocupar-se, ampliando a sua formação.

Josiane passou a ser a amiga confidente e, depois de certo tempo, a namorada, com quem dividia todos os seus planos e sonhos. Ela era a renovação de sua existência.

Joaquim, o filhinho querido veio logo em seguida, cerca de um ano e meio depois do casamento, enchendo a vida do casal de alegrias e planos, visando ao futuro do pequenino.

A adaptação à sociedade norte-americana, tão temida a princípio por Josiane, de fato não fora difícil, pela firme posição adotada pelo casal em relação ao plano mental de aceitação do novo e, ao mesmo tempo, ao cultivo das vibrações superiores, tendo a certeza de que todos somos irmãos perante o Criador, eliminando, dessa maneira, possíveis diferenças.

A vida parecia ser perfeita até Joaquim atingir a adolescência. Guardadas as devidas proporções relativas a esse período de mudanças e questionamentos, algo preocupava Josiane.

Como todos os corações maternos, interessados na felicidade de seus rebentos, ela sentia que algo não ia bem com Joaquim.

Sempre muito introspectivo e isolado, preferia passar parte de seu tempo ocupando-se com jogos violentos em seu computador.

Paulo, sempre mais ausente pelos inúmeros compromissos, quando tinha oportunidade, convidava o filho para saírem e conversarem um pouco. Porém, a recusa por parte de Joaquim era constante.

A mãe chamava a atenção do filho diversas vezes sobre as questões relativas ao hábito nocivo do jogo, atividade sem resultado efetivo.

Os jogos eram para diversão e não deveriam se transformar em uma obsessão como estava acontecendo. O mundo não era virtual, dizia e, para solucionar problemas na vida, não bastava apenas um apertar de botões. Era necessário o estudo, preparar-se convenientemente para o mercado de trabalho e assim por diante.

Geralmente, Joaquim permanecia calado e suas expressões, com o passar do tempo, foram se tornando frias em relação aos conselhos paternos ou maternos.

Não demorou para que os resultados escolares refletissem o estado dele. Os pais foram chamados pelo responsável do colégio que lhes sugeriu o acompanhamento com um terapeuta.

A condição financeira permitiu que fossem contratados os serviços de excelente profissional da área, sendo que Joaquim ainda recebia total apoio materno, em virtude de Josiane ser psicóloga.

A prática da Doutrina Espírita estava nas leituras da

Codificação e algumas obras complementares, além da realização do Evangelho no Lar. Na região onde residiam não tinham conhecimento de alguma instituição espírita na qual pudessem contar com uma assistência espiritual conveniente para eles e para o filho querido.

Na realidade, o que se passava com Joaquim nada mais era do que o afloramento de sua condição inferior, contida em grande parte pela influência da educação e do acompanhamento amoroso dos pais, que refreavam as expressões de um Espírito frio e calculista. Aos olhos da Ciência médica, o jovem seria considerado como portador da psicopatia, ou personalidade antissocial, um psicopata* por seu comportamento de profunda indiferença aos sentimentos alheios, irresponsabilidade e desrespeito pelas normas e regras sociais, incapaz de sentir remorso ou culpa por seus atos. Espiritualmente falando, ele passava pela fase da miséria e destruição espiritual, um estado provisório, mas altamente comprometedor por sua postura completamente distinta das leis de amor que regem a vida.

O adolescente tinha ímpetos em resolver os problemas, usando sempre de violência disfarçada. Às escondidas dos genitores, desde criança, procurava subjugar os colegas da escola, geralmente humilhando-os com brincadeiras desagradáveis e apelidos jocosos.

Em virtude de seu comportamento, não costumava fazer amigos e seus colegas de colégio, a rigor, procuravam não se aproximar daquele garoto que parecia carregar o ódio em seu coração. A energia estranha sentida em Joaquim estava relacionada ao seu estado evolutivo, cujo campo mental era formado por pensamentos desequilibrados de suposta superioridade.

Seu esporte favorito era o tiro ao alvo e, inadvertidamente, Paulo deu-lhe de presente uma espingarda de pressão para que se distraísse no quintal da residência onde moravam. Na sua visão incauta, acreditava que o garoto pudesse ser, no futuro, um competidor olímpico.

Todavia, o presente despertara em Joaquim a sensação de um falso poder, fazendo com que suas preferências inferiores o levassem a matar os animaizinhos e pássaros na região próxima de sua casa, onde existiam grandes espaços arborizados com lagos e canais, que acabavam favorecendo a vida silvestre.

Joaquim contentava-se em ver o animal ou pássaro morto, sentindo um prazer macabro. Quando seu tiro não matava a pobre vítima no mesmo instante, a agonia das criaturinhas inocentes trazia-lhe maior satisfação.

Não demorou para que suas companhias espirituais o localizassem e iniciassem uma forte comunhão de ideias e pensamentos cada vez mais infelizes. Joaquim estava novamente cercado por aqueles que foram seus cúmplices em atividades anteriores de prejuízo ao semelhante.

*Psicopatas: visão médica e espírita

As personalidades psicopáticas causam perplexidade no mundo social e científico. O termo vem do grego psique (mente) mais pathos (doença), ou seja, mente doentia. Entretanto, em sentido estrito nada têm de doentes. Quando muito poderiam ser chamados de diferentes. Não vivem num mundo à parte, não têm alucinações ou delírios e compreendem perfeitamente a diferença entre o certo e o errado.

Podem ser médicos, políticos, advogados, líderes religiosos (pasmem!), jornalistas ou terem qualquer profissão, pois suas inteligências em termos de aptidões intelectuais são normais e não raro superiores. Já as inteligências emocional e espiritual constituem outra realidade.

Muitos associam psicopatia com criminalidade, com os famosos "serial killers" ou assassinos em série. Con-

quanto estes sejam de fato psicopatas, nem todos os psicopatas são criminosos na acepção do termo, mesmo possuindo diminuto senso moral nos casos mais atenuados.

Antes mesmo do aparecimento dos novos instrumentos de pesquisa por neuroimagem, psiquiatras e psicólogos já haviam traçado um perfil da psicopatia a que hoje dá-se o nome de Transtorno da Personalidade Antissocial. Basicamente um padrão de conduta de desrespeito e violação dos direitos alheios, incapacidade de empatizar com o outro, isto é, colocar-se no seu lugar, com uma série de comportamentos que vai do logro, da mentira, da agressividade até a ausência de remorso e crueldade para com animais e pessoas. Este padrão pode ser observado já na infância, mas quase sempre no princípio da adolescência.

Os pesquisadores em neurociências atribuem a psicopatia a estruturas cerebrais anômalas ou disfuncionais. O Dr. Kent Kiehl dedicou-se inteiramente ao estudo do cérebro dos psicopatas em presídios, tentando determinar as diferenças existentes com os cérebros das pessoas normais. Eles correspondem a 5% da população carcerária e a 1% da população em geral. Chegou a montar na Universidade do Novo México, Estados Unidos, o maior banco de imagens de cérebros de psicopatas já criado. Reuniu imagens principalmente obtidas pela Ressonância Nuclear Funcional Magnética, inclusive com imagens de experimentos das reações cerebrais a estímulos específicos.

O Dr. Kiehl constatou a existência de diferenças significativas no sistema límbico, responsável pela recepção e processamento das emoções, especificamente numa de suas estruturas mais importantes, as amígdalas cerebrais. Estas estruturas são intermediárias na expressão de emoções fortes como ira, medo, ansiedade, raiva, pânico etc.

As amígdalas são moduladas em sua reatividade e função pelos lobos frontais que julgam o significado das emoções e a atitude a tomar. Constituem a sede do raciocínio superior e, segundo o espírito André Luiz, sede do nosso Eu Superior, casa do superego. Ora, verificou-se que nos psicopatas as amígdalas são 17% menores, bem como possuem ligação e comunicação deficitária com os lobos frontais. É compreensível, portanto, do ponto de vista neurofisiológico, que os psicopatas dificilmente entrem em ansiedade, sintam o mesmo nível de medo ou tenham remorso. Os criminosos do grupo por isso não temeriam ou teriam escrúpulos em cometer atos cruéis, ou sequer entrariam em ansiedade quando mentem e manipulam as pessoas e circunstâncias.

O Dr. Kent Kiehl, por outro lado, constatou que os psicopatas não violentos, representados pelos estelionatários e escroques de todo tipo, embora tendo suas amígdalas 17% menores têm a comunicação destas com os lobos frontais de maneira íntegra e perfeita. Na sociedade há inúmeros psicopatas de sucesso, pois têm inteligência acima da média, têm boa percepção de si mesmos, ótima capacidade executiva e excelente reação ao estresse, não entrando em ansiedade nas situações mais complicadas. É certo, porém, que deixam muito a desejar no campo da ética. São os criminosos do colarinho branco e os profissionais brilhantes, mas sem escrúpulos.

Concluem os pesquisadores que o cérebro seria mais ou menos moral conforme os genes e a influência do ambiente: 50% para cada um.

Ao balizarmos o nosso pensamento pelo referencial organicista-materialista, sem colocarmos na equação o espírito imortal, este sim o detentor dos valores da personalidade, homem nenhum seria responsável por nada, pois suas ações seriam expressões do determinismo biológico, sobre as quais não teria, virtualmente, controle algum.

Outra é a visão do Espiritismo, que considera a personalidade atual como o resultado da interação espírito-

corpo físico e ambiente. O espírito ao reencarnar-se atrai os gametas dotados do patrimônio genético que merece e de que necessita. Mesmo após a fecundação influi extraordinariamente nos mecanismos de controle da expressão gênica, plasmando, por assim dizer, o futuro corpo físico. Exerce igual influência após o nascimento, tendo o tecido cerebral especial neuroplasticidade para receber a cunhagem de sua íntima natureza e posição evolutiva. Os psicopatas seriam espíritos atrasados evolutivamente, seja pelo seu pouco tempo na fase hominal, seja pela sua voluntária estagnação evolutiva, presos nos descaminhos dos excessos passionais, da delinquência e da revolta, ainda que intelectualmente atilados e desenvolvidos.

Seus cérebros refletem esta realidade que imprimiram indelevelmente através da interação espírito-matéria. Receberam do ambiente o que mereceram pela Lei de Causa e Efeito, o que contribui, por outro tanto, na configuração de suas naturezas de relativa insensibilidade emocional e de ausência de maturidade do senso moral.

Dr. Luiz Antônio de Paiva[1]

---

1 *http://cursode-reformaintima.blogspot.com.br/2013/08/psicopatia-na-visao-espirita.html*

CAPÍTULO 3

O VERDADEIRO JOAQUIM

–Paulo, você precisa conversar com o Joaquim. A situação dele no colégio se agravou. Vem demonstrando desinteresse e a possibilidade de expulsão da escola, por conta de seu comportamento cada dia mais agressivo, é grande.

— Você não tem falado com ele, Josiane?

— Ele já não me ouve mais. Aliás, quando tento conversar costuma fazer de conta que não é com ele. Geralmente, tranca-se em seu quarto e, quando sai, não troca uma palavra.

— Por que você não insiste?

— E adianta?

— Talvez se você tentar outra abordagem, quem sabe, alcance maior sucesso? Provavelmente este período da adolescência o está influenciando mais do que nós poderíamos supor. O que o terapeuta tem informado?

— Que o Joaquim apresenta um desvio de personalidade com distorções dos valores pessoais e isso pode transformar-se em um problema de maior dimensão.

— Também não é assim... Esses profissionais têm a mania de querer exagerar em suas colocações. Joaquim é nosso filho, e nós sabemos muito bem o que estamos criando.

— Acho que você deveria falar com o terapeuta. Ele sempre solicita a sua presença.

— E eu estou com tempo, Josiane? Tenho os meus compromissos de trabalho, as viagens para atender às filiais...

— Paulo, Joaquim é seu filho também. Não é possível que você esteja somente voltado para os negócios. O menino precisa do pai, e você está negligenciando a sua parte.

— Não exagere, Josiane! Estou fazendo o que posso...

— Pela empresa que você gerencia é verdade, mas para o nosso filho, onde está a sua disponibilidade?

— Está bem... Está bem... Eu vou falar com ele agora mesmo. Acabo de chegar de uma viagem, e você vem com acusações de negligência... Acho engraçado tudo isso...

— Não é para achar engraçado, Paulo. É para você tomar providências a respeito. Não posso ficar com a responsabilidade da orientação de Joaquim sozinha.

O marido procurou não dar continuidade à conversa que estava caminhando para uma discussão. Achou melhor ir até o quarto do filho. Ao bater na porta não foi atendido. Ao insistir, ouviu um brado rouco:

— Vá embora! Deixe-nos em paz.

— Joaquim, está tudo bem? Quem está com você?

— Ninguém. Estou só. Quero continuar deste jeito.

Será que posso manter a minha privacidade?

— Filho, o papai gostaria de lhe dar um abraço, pois acabo de chegar de viagem. Podemos conversar um pouco, se você quiser, é claro...

Em seguida ao pedido paterno, Joaquim abriu a porta. O estado do quarto demonstrava sua total falta de atenção para consigo próprio. Paulo abraçou-o, tendo a impressão que o garoto não correspondia ao cumprimento afetuoso, sendo quase que totalmente indiferente.

— O que está acontecendo com você, meu filho? Está tudo bem?

— Sim... Sim... É minha mãe que está cheia de manias. Não me deixa em paz...

Neste ponto da conversa, o semblante de Joaquim era de profunda e disfarçada humildade. Desde cedo aprendera a disfarçar seus pensamentos e desejos. Criara para si uma máscara que o protegia das chateações e sermões que o irritavam profundamente.

— Não é bem assim, filho. Sua mãe preocupa-se com você, com a sua saúde, seus estudos, enfim, com o seu futuro.

— Pai, eu estou bem. A situação na escola é passageira. Estou me aplicando; porém, as matérias estão mais difíceis.

Minha mãe é que vive me incomodando e tirando minha tranquilidade. Tenho que ir ao terapeuta por ordem dela, que me receita um volume enorme de remédios, que eu não quero e não vou tomar, porque estou bem e não preciso deles. Parece que ela insiste, acreditando que eu não seja normal. Trata-me como se eu fosse um mentecapto...

— Joaquim, não diga isso! Ela é sua mãe e o ama!

— Então, por que não permite que eu viva a minha vida? Não vê que eu não sou mais um bebê?

— Entendo, filho. Vou falar com ela a esse respeito. Mas, de sua parte, faça um esforço para ser mais sociável, está bem? Você promete?

— Claro que prometo, meu pai — respondeu Joaquim com certo ar de desdém, sem que o seu genitor percebesse.

— Muito bom. Então, quando puder, ajeite o seu quarto e desça para jantar conosco, está bem assim?

— Está bem...

Assim que Paulo saiu, Joaquim, totalmente envolvido pelas suas companhias espirituais, acreditando monologar quando na verdade mantinha um diálogo mental com os antigos cúmplices, disparou:

— São uns idiotas completos. Dois imbecis que eu preciso me livrar o quanto antes...

CAPÍTULO 4

VALORES DISTORCIDOS

Joaquim saiu de seu quarto, atendendo ao convite para o jantar com os pais, surpreendendo Josiane por sua postura atenciosa e cordial.

Mestre na arte da simulação, possuía tendências já afloradas de outras existências, em que manipulava as pessoas para alcançar seus interesses escusos. Sabia que precisava ganhar tempo com os pais, dos quais se julgava muito superior.

Envolvido pelas suas desequilibradas companhias, arquitetava um plano sórdido. Sabia que os ganhos de seu pai eram significativos, principalmente com os bônus no fim de cada ano.

Com suas atitudes enfermiças, em determinadas oportunidades abrira a correspondência bancária e verificara não somente o saldo em conta e investimentos, como também o seguro de vida com valores consideráveis, cujos herdeiros eram ele e sua mãe.

A enorme ganância e fascínio pelo dinheiro continuavam incrustrados em seu psiquismo. Suas antigas experiências de riqueza foram construídas sobre a dor e o sofrimento de seus semelhantes.

Começou a planejar sobre o que faria com o dinheiro de seus pais. Poderia construir sua independência financeira com rapidez. Contava com 16 anos e, se aplicasse a pequena fortuna que ganharia com a morte dos pais, teria com os juros um valor suficiente para sustentá-lo durante certo período, até que abrisse seu próprio negócio.

Um ramo que despertara sua curiosidade era o de armamentos e munições. Ali circulava uma volumosa quantia de dinheiro, pensava, porque, afinal de contas, o homem sempre seria o lobo caçador do próprio homem.

Nestes momentos de desvario, as entidades perniciosas que o acompanhavam desde há muito tempo agiam como exímios hipnotizadores, despertando preconceitos e valores distorcidos, que se encontravam enraizados em seu subconsciente profundo, no qual residiam suas terríveis experiências de um caráter completamente vil.

A educação baseada na filosofia espiritualista e os bons exemplos de seus pais não eram suficientes para aplacar seus interesses imediatistas e sua crueldade ainda muito acentuada.

Os amigos espirituais especializados em procedimentos reencarnatórios, quando da preparação do programa de Paulo e Josiane, alertaram sobre a possibilidade dos grandes riscos que correriam recebendo novamente em seus braços o algoz de outras eras.

No entanto, o coração bondoso e materno de Josiane insistiu para que os mentores permitissem que o casal recebesse o desafeto do passado novamente como filho.

Avisos não faltaram no sentido de aguardarem um pouco mais, porque o algoz de outros tempos encontrava-se em zona purgatorial, completamente envolvido por aqueles que haviam sido seus cúmplices em outras existências. Contudo, o livre-arbítrio de Paulo e Josiane seria respeitado, apesar do risco existente.

Joaquim fora resgatado da região onde se encontrava e, de certa forma, comprometeu-se com atitudes para reformulação de seus propósitos. Contudo, geralmente, as propostas ficam quase todas no terreno da teoria, numa significativa parcela da população que se candidata ao reencarne, tão logo retornem ao contato com a matéria e suas rotineiras ofertas de prazer e facilidades.

Foi exatamente por isso que o Mestre Jesus orientou no Seu Evangelho segundo Mateus, 7:13 e 14: "*Entrai pela porta estreita, pois larga é a porta e amplo o caminho que levam à perdição, e muitos são os que entram por esse caminho. Porque estreita é a porta e difícil o caminho que conduzem à vida, apenas uns poucos encontram esse caminho".*

Retornando aos nossos personagens, naquela noite o jantar encerrou-se em clima de descontração. Joaquim pediu permissão para se retirar, pois, no dia seguinte, suas aulas começariam mais cedo.

Quando o rapazola saiu, Paulo comentou:

— Viu, Josiane, como você se engana a respeito do nosso filho? Bastou uma pequena conversa com ele e o garoto já tomou outra atitude.

— Talvez, Paulo, porque você passe a mão na cabeça dele demais. Não lhe ocorreu que o Joaquim possa estar sendo alimentado pelo interesse que você desperta?

— Como assim? Não estou entendendo?...

— Você supre a sua ausência com a mesada gorda e presentes. Principalmente com jogos violentos e com a espingarda que você comprou contra a minha vontade.

— Ora, Josiane. Isso tudo são coisas de garotos da idade dele. Ademais, se temos condições para dar do bom e do melhor para o nosso filho, por que privá-lo?

— Não falo em privação, mas, sim, em limites. Faz parte da boa educação a colocação de limites.

— Você está sendo dura demais com o menino. Por isso ele não lhe dá atenção. Veja, eu chego a casa, tenho uma conversa rápida com ele e fica tudo bem. Não adianta reclamar o dia todo, porque Joaquim cresceu e precisa de um pouco de espaço. Você quer que o nosso filho seja um estúpido, um limitado?

— Escute aqui, seu salvador da pátria. Seu discurso não vai levá-lo a lugar algum. Já disse e repito: Joaquim precisa de um pai "presente" e não de uma infinidade de "presentes".

— Está bem, Josiane... Você venceu. Vou procurar estar mais próximo. Preciso de um tempo para reorganizar as coisas, principalmente as viagens. Verei o que posso fazer...

CAPÍTULO 5

SIMILARIDADE VIBRATÓRIA

Dois anos haviam se passado, e Joaquim encontrava-se com atitudes diferenciadas. O adolescente isolado e taciturno amadurecera e tornara-se um pouco mais extrovertido. Esta mudança em muito se devia ao namoro com Deena, uma linda garota americana, loira com olhos azuis profundos, que possuía a mesma fragilidade espiritual do namorado.

Espírito tão endurecido quanto ele, fizera parte de suas tramas em outras reencarnações e, por similaridade vibratória, se reencontraram nesta existência. Seus valores sobre o respeito ao mundo e aos seus semelhantes pouco se alteraram. Diferentemente dela, Joaquim era filho único e sempre fora mimado pelo pai, cujos pedidos eram atendidos com regularidade.

A proposta de Paulo quanto à diminuição de seus compromissos profissionais não se concretizara. O excelente salário, bônus, ações e benefícios que a companhia oferecia em virtude de seu ótimo desempenho com grandes redes varejistas americanas haviam inebriado de tal forma o marido de Josiane, que os profundos conceitos do Evangelho redivivo que abraçara outrora foram, aos poucos, sendo soterrados. Desatento e invigilante, abandonou os recursos divinos que poderiam auxiliá-lo na difícil experiência de resgate ao lado de Joaquim. Quando nos distanciamos dos exemplos contidos no Evangelho, preferindo a infidelidade à própria consciência, cavamos abismos destrutivos e penosos. Tristes são os que, conhecendo os postulados luminosos de Jesus, escolhem viver nas sombras das ilusões.

A vida confortável, a mesada invejada pelos colegas e os caros presentes, proporcionados pelo sucesso material que Paulo alcançara, compravam Joaquim. Josiane, aos poucos, foi se habituando com aquela vida de conforto e luxo. Como tudo caminhava bem, deixou-se envolver pela futilidade e por amigas interessadas no consumo doentio.

Vivia em lojas de grife e institutos para tratamento de beleza, que custavam verdadeiras fortunas. Na realidade, ela nem necessitava, mas massageavam seu ego. Dessa maneira, tornava-se motivo de comentário entre as amigas, fosse na academia ou em almoços intermináveis, geralmente regados por fofocas e maledicências.

Para a visão do mundo, Paulo transformara-se em um executivo extremamente bem-sucedido, vivendo, em muitas ocasiões, apenas de aparência.

Enquanto o dinheiro corria solto nas mãos de Joaquim, este se mantinha relativamente tranquilo quanto aos seus anseios. Contudo, logo a mesada começaria a não fazer frente às despesas.

Oportunistas de plantão passaram a ser atraídos e aproximaram-se dele em virtude da vibração negativa daquele Espírito doentio que envergava agora a personalidade do rapaz. Para demonstrar poder e ostentar sua abonada situação financeira, ofertava aos que o rodeavam os mais diferentes tipos de drogas.

Em pouco tempo, Joaquim e a Deena estavam fazendo uso com frequência da cocaína.

Nos estudos, as notas que sempre foram razoáveis pioraram sensivelmente e, junto delas, vieram às frustrações por não alcançar os resultados desejados, apesar de não empregar qualquer esforço para isso.

As discussões com a mãe tornaram-se rotineiras, movidas sempre pelos valores equivocados do rapaz.

A relação entre os dois ficou próxima do insuportável, principalmente quando Josiane decidiu fechar a conta bancária e cancelar os cartões de crédito que mantinha em conjunto com o filho, informando a ele que, a partir daquela data, todo e qualquer valor deveria ser solicitado diretamente ao pai.

A posição materna no controle dos recursos financeiros despertou-lhe todo o ódio que trazia no coração
empedernido. Muito raramente Joaquim recebia um
"não", em virtude até do método educacional completamente distorcido que recebera.

Quando levou o problema ao pai, comunicando o
que estava ocorrendo, Paulo, de forma irresponsá-
vel, deu de ombros e informou ao filho que os assuntos relativos à sua mesada estavam na administração
de Josiane.

Para Joaquim, aquilo tudo se transformara em grande humilhação. Seu orgulho ferido tornava o rapaz
uma verdadeira bomba-relógio.

Com as companhias desequilibradas com as quais se
envolvia nas duas dimensões da vida, estimulando-lhe
a utilizar qualquer recurso possível para ir à desforra,
tratou de arquitetar um plano macabro, cujas ideias
surgiram na adolescência.

Confessou para Deena que seu desejo era eliminar
os pais , no que, a princípio, foi desestimulado. Porém, sendo ela um Espírito oportunista, disse-lhe, certa noite, depois de terem feito uso de boa quantidade
de cocaína:

— Joaquim, acho a ideia meio louca, mas, ao mesmo tempo, me pergunto: será que não é o melhor a fazer?

Os Espíritos que assistiam e participavam do festim regado pelas altas quantidades de drogas consumidas trocavam os mais escabrosos pensamentos de apoio à dupla de encarnados, seus cúmplices e amigos do passado.

O PREDADOR

Estimulado pelos cúmplices espirituais, Joaquim e Deena começaram a arquitetar o plano macabro.

Fariam os preparativos para um suposto assalto encobrir uma vingança por disputa no mundo dos negócios. Para alcançar os resultados que seu pai vinha obtendo, demolira competidores em negociações realizadas de forma muito dura e, com certeza, granjeara inimigos com esta prática.

Empresas de pequeno porte não tinham a menor chance de competir com a organização que ele representava. Por vezes, as mercadorias comercializadas pela filial que Paulo comandava eram negociadas com preços próximos do custo ou mesmo abaixo, para que os possíveis concorrentes fossem eliminados ou aqueles que estivessem atendendo a determinada rede perdessem a licitação.

No ramo em que atuava, passou gradativamente a ser conhecido como "o cruel", por não permitir que sua companhia perdesse uma só concorrência, por vezes, fazendo negociatas inescrupulosas com certos funcionários, oferecendo vultosos subornos ou regalias as mais diversas em locais paradisíacos, com festas regadas a finos coquetéis, muita bebida e outras facilidades.

Aquele homem criado por família simples, porém, muito honrada na cidade de Coimbra, com bases seguras na moralidade e na religião lastreada pelo Evangelho Redivivo, simplesmente havia desaparecido. Lembrando a Parábola do Semeador, a Boa Nova para Paulo foi a *"semente que nasceu em solo pedregoso, onde não havia muita terra; e logo nasceu porque a terra onde estava não tinha muita profundidade. Mas o Sol tendo se erguido, em seguida, a queimou; e, como não tinha raízes, secou".* (Mateus, capítulo XIII, versículos de 1º a 9º).

O empresário atraíra para o seu convívio pessoas de moral discutível, que traziam como associados Espíritos altamente comprometidos com as Leis Divinas, cujo objetivo principal no mundo físico era o poder, mesmo que para isso tivessem que empregar métodos desprezíveis.

Os desencarnados mantinham a condição de verdadeiros *bon vivants* e não possuíam qualquer interesse na modificação de seus hábitos e costumes. Preferiam viver em suprema ignorância de si mesmos, ocultando-se de suas mazelas. Não desejavam enfrentar a realidade da vida, ou seja, ter consciência da responsabilidade dos próprios pensamentos e atos.

A turba de desequilibrados que acompanhava Joaquim e Deena havia se infiltrado nas hordas amigas de Paulo, procurando os pontos fracos tanto dos encarnados como dos desencarnados.

O ente espiritual que assumiu a condição de líder do grupo, conhecido pela alcunha de "Cavalo", por sua aparência grotesca e animalesca, possuía características que se assemelhavam ao estilo de Joaquim, seu companheiro de outras eras.

O chefe das sombras logo percebeu que todos os que se envolviam com Paulo, estivessem no plano físico ou espiritual, não passavam de verdadeiros gozadores da vida. No fundo, todos eles eram uns grandes poltrões.

Diante da facilidade encontrada, o líder passou a estimular os planos elaborados por Joaquim e sua namorada, associando-se mentalmente a tal ponto e profundidade que, em determinados momentos, passava a comandar o rapaz, transformando-o em um verdadeiro fantoche.

É claro que o jovem permitia essa associação, pois, intuitivamente, reconhecia o cúmplice de outras eras, que sempre fora um participante ativo e possuidor de ideias brilhantes, que muito o auxiliaram em seus planos de conquista e poder.

A estratégia para a eliminação dos considerados "estorvos", terminologia que Joaquim passou a utilizar quando se referia aos pais, não seria complicada. Com sua mente doentia, passou a se interessar pelas conversas de seu pai ao telefone e também solicitou que Deena se aproximasse da assistente de Paulo. Ao tornar-se amiga e confidente, poderia receber informações dos esquemas montados, principalmente quanto aos subornos.

A concretização do plano exigia calma e frieza, para que nada desse errado. A polícia americana sempre fora conhecida pela eficiência de seus técnicos. Se fosse descoberto, a prisão perpétua seria a pena menor, porque, no estado onde residiam, corriam o sério risco de receberem a pena capital.

O ponto-chave da estratégia, num primeiro momento, seria o mesmo utilizado por um predador, que calmamente observa e analisa o melhor momento de surpreender a presa.

O plano estava pronto, e os dois jovens poderiam iniciar a execução. Tudo agora se resumiria a uma questão de tempo...

CAPÍTULO 7

SUPREMO DESRESPEITO

Para evitar atritos e discussões com Joaquim sobre sua mesada, Paulo decidiu, ele mesmo, repassar-lhe o dinheiro e com isso continuar nas graças do filho, segundo acreditava erroneamente.

Tão logo os pagamentos se tornaram regulares, Joaquim procurou os traficantes com quem costumava negociar a cocaína que consumia, solicitando alguns "favores especiais". O rapaz agora estava interessado em adquirir uma ou duas armas automáticas, no que foi atendido com presteza. Afinal de contas, um comprador endinheirado e assíduo como ele se apresentava não era encontrado a todo instante.

De posse das armas, Joaquim acertou os detalhes com a namorada e marcaram o dia para a execução do ato nefasto. As entidades inferiores que os acompanhavam promoviam verdadeira algazarra, inspirando todos os tipos de pensamentos lastreados num ódio enceguecido. Faziam uma verdadeira festa de bestas feras, esperando o banho de sangue que estava prestes a ocorrer.

Joaquim, cujo talento no mal era invejável até mesmo pelo chefe do bando de desencarnados, comunicou a Deena:

— Os "estorvos" informaram-me que irão a uma festa na casa de amigos. Como sempre retornam totalmente embriagados, vamos aguardar o motorista e os serviçais de minha casa se recolherem e executaremos o nosso plano. Forçaremos a janela de um dos quartos de hóspedes para dar a impressão de invasão e faremos o serviço entrando e saindo pelo mesmo local. Até os empregados tomarem ciência do que ocorreu, estaremos longe.

— Longe?...

— Vou dizer para os dois, que vou passar a noite em sua casa. Vamos aguardar seus pais dormirem e usaremos a janela do seu quarto como rota de entrada e saída. Desta forma, não levantaremos qualquer suspeita. O que você acha?

— A ideia me parece boa. Contudo, não sei, Joaquim. Vejo riscos quando as investigações iniciarem...

— Que nada! Recentemente escutei meu pai discutindo pelo telefone com um concorrente de sua empresa. O sujeito com o qual ele falava estava muito zangado, pois acabara de perder um dos seus maiores clientes em uma disputa desigual e prometeu vingar-se.

— Você ouviu isso tudo?

— Sim. A ligação foi recebida no telefone da minha casa. Por sorte, eu estava próximo e fui para a extensão do meu quarto, onde instalei uma escuta.

— Você é brilhante, querido!

— Eu faço o que eu posso. Preciso tirar aqueles dois da minha vida o mais rápido possível. Por isso, amanhã aja com a maior naturalidade para não levantar qualquer suspeita, principalmente com a sua mãe, que sempre está muito atenta.

— Pode deixar, tomarei cuidado.

No dia seguinte, tudo transcorreu conforme o esperado. Josiane foi à busca de um traje novo em uma loja sofisticada para causar inveja nas senhoras que estariam na festa.

Paulo dirigiu-se ao escritório normalmente e Joaquim deu as desculpas adequadas para não acompanhá-los à festa. Disse que já havia combinado com Deena o término de um trabalho escolar que estava atrasado e que não poderia adiar mais tempo a sua entrega.

Realmente, não era costume saírem juntos, então, tanto Josiane como Paulo deram de ombros.

Chegada à noite, o casal se preparou convenientemente e foi para a comemoração, enquanto Joaquim arquitetava os últimos detalhes de suas sinistras ações.

Saiu de casa como planejado e retornou com Deena por volta das duas horas da madrugada. Tudo estava escuro, demonstrando claramente que os serviçais e seus pais já haviam se recolhido.

Não foi difícil a abertura da janela e a entrada na residência. Em questão de segundos estavam diante do casal que ressonava pesadamente.

A execução foi rápida, com disparos certeiros a curta distância, todos realizados por Joaquim que, sem nenhum peso em sua consciência ou remorso, deu cabo da vida dos pais. Em seguida, os jovens delinquentes saíram rápido, enquanto luzes começavam a ser acesas nas dependências dos funcionários.

Encapuzados e usando roupas escuras, o casal se embrenhou por entre as árvores e a farta vegetação, alcançando a residência de Deena que não ficava distante do local.

A ação tivera pleno êxito. Agora bastava apenas aguardar os desdobramentos e tomar as atitudes previamente calculadas, em relação à surpresa, sofrimento, lágrimas e revolta. As mentes cruéis e enfermiças de Joaquim e Deena calcularam todas as etapas com a frieza de quem está habituado ao desrespeito à vida.

CAPÍTULO 8

O TEATRO DO HORROR

A notícia não tardou a chegar. Os pais de Deena atenderam ao chamado e, com muito tato, despertaram Joaquim que fingia ressonar pesadamente no quarto de hóspedes.

O pai da moça informou que recebera um telefonema instantes atrás, solicitando a presença do rapaz em sua residência o mais rápido possível. Aconselhou-o a não se alarmar tanto com o fato, porque às vezes as notícias são transmitidas conforme a emoção de quem as repassa. Contudo, ele iria acompanhar o namorado da filha, para qualquer eventualidade.

Durante o trajeto, o futuro sogro, que fora devidamente informado a respeito da tragédia, foi preparando o jovem, dando algumas informações para que ele pudesse enfrentar o que viria pela frente. Quando chegaram, os policiais e funcionários não permitiram que Joaquim adentrasse ao interior da residência, segurando-o com muito custo, para conter sua revolta e agressividade. Joaquim gritava e esperneava dissimuladamente, como se estivesse totalmente fora de controle.

Um dos vizinhos, médico experiente, tratou de ofertar-lhe calmante adequado para conter a fúria do rapaz.

Quando Deena chegou acompanhada de sua mãe,

ambos promoveram verdadeiro espetáculo teatral, abraçando-se e gritando dolorosamente.

Joaquim, verdadeiro artista e mau-caráter, perguntava:

— Por que fizeram isso com as pessoas que mais amo? O que será de mim, de agora em diante?...

E, com extremada falsidade, postando-se de joelhos, gritava aos Céus:

— Meu Deus, ajude-me nessa hora. Preferiria estar no lugar deles. Senhor, por que não me escolheu, procurando poupá-los? Que a Sua Justiça se faça sobre esses infelizes que acabaram com a minha vida e a dos meus amados.

Os pais de Deena, ponderando a situação desesperadora do rapaz e da filha, acharam melhor retirá-los em definitivo dali, acalmando-os da melhor forma que podiam, dando tempo para que a medicação aplicada no rapaz surtisse efeito.

Na dimensão espiritual, Paulo e Josiane encontravam-se completamente anestesiados, prostrados ao lado de seus corpos sem vida. As entidades que os acompanhavam, no momento do crime, por desconhecerem o que de fato ocorria, fugiram do ambiente apavoradas, crendo que poderiam também ser alvejadas pelos projéteis que haviam exterminado os pais de Joaquim.

Contudo, não demoraria muito tempo para que Josiane e Paulo se agarrassem como verdadeiros parasitas inconscientes ao corpo espiritual do assassino.

Depois de todas as providências técnicas realizadas pelos peritos da polícia, as exéquias foram consumadas, com cenas teatrais. Joaquim e Deena deram prosseguimento à interpretação vil e mentirosa, promovendo verdadeira comoção entre os amigos e familiares vindos de Portugal.

Joaquim, Espírito de uma frieza ímpar, orientava sua namorada para que, em determinados momentos, chorasse de forma mais efusiva. Ela utilizava um produto à base de elementos cítricos, para causar irritação nos olhos e, desta maneira, demonstrar maior dose de sofrimento.

Os pensamentos trocados com as entidades espirituais que o cercavam davam o direcionamento de seus mesquinhos interesses. O rapaz calculava os valores em dinheiro que seriam disponibilizados em curto espaço de tempo e já arquitetava planos para os seus futuros negócios.

CAPÍTULO 9

ÍDOLO DAS SOMBRAS

Quando os policiais marcaram a entrevista com Joaquim para dar andamento às investigações, o inteligente rapaz estava com a estratégia preparada em relação às desculpas e possível incriminação do concorrente comercial, cuja discussão escutara pelo telefone.

Articulado como era, naquela altura dos acontecimentos já desaparecera com todas as provas possíveis que pudessem comprometê-lo.

Recebeu os policiais na casa de Deena, para demonstrar o quanto se encontrava abalado com a tragédia, não querendo mais retornar ao lar, pelo menos durante as próximas semanas.

Quando os policiais com muito cuidado iniciaram as perguntas, a dupla de atores mostrou-se muito emocionada, com lágrimas que realmente comoviam.

Joaquim contou que se recordava da última conversa que seu genitor tivera com um executivo ou talvez o proprietário de uma companhia concorrente e, pelo pouco que ouvira, percebeu, pelo tom de voz e por algumas respostas, que o interlocutor ameaçara seriamente a integridade física de seu falecido pai.

Para ele, não restava dúvida de que o competidor pudesse se utilizar de algum procedimento cruel para materializar a sua vingança. Contudo, Joaquim disse ser apenas a sua opinião, não tinha provas. E podia estar motivado pela revolta que sentia em relação à situação como um todo.

Os investigadores agradeceram e saíram com as suas notas, enquanto os jovens trocavam sorrisos maldosos entre si.

A polícia agiu rapidamente e logo constatou que o empresário que ameaçara Paulo já havia cumprido pena em sua juventude por agressão. As coisas pioraram quando a versão sustentada pelo concorrente demonstrou-se duvidosa. Afirmara estar em casa na noite do crime e que se recolhera cedo. Como a esposa viajara na ocasião, não possuía um álibi. A falta de testemunhas e a constatação de registro recente de chamada para o celular de Paulo complicaram a situação do infeliz.

A armadilha que Joaquim preparara obtivera êxito, pelo menos por enquanto e desviara a atenção da polícia. O astuto rapaz tratou de iniciar com a namorada o planejamento de suas próximas ações, aguardando os valores que receberia em breve.

Por tratar-se de um indivíduo sem escrúpulos, um dos negócios mais promissores e que o encantavam era o mercado de armas. Conversando com Deena, sintetizou o seu plano:

— Você sabe, querida, que alguns países são literalmente sustentados pelo comércio das drogas e consequentemente as armas são material imprescindível. Vejo grandes oportunidades de uma associação feliz, porque, ao encontrarmos os fornecedores certos, o pagamento poderá ser em espécie ou em mercadoria, dependendo com quem estejamos negociando.

— Mas, Joaquim, não é muito arriscado? Se a forma de pagamento for cocaína, por exemplo, como repassar a mercadoria toda?

— Deena, uma coisa puxa a outra. Se encontrarmos as pessoas certas para o primeiro mercado, que será o de armas, o resto será consequência. Esse pessoal costuma se virar para continuar recebendo seus pedidos e pagando corretamente. Aqueles sujeitos que nos forneceram as armas têm contatos e, com dinheiro na mão, não será difícil chegar até o pessoal certo. Vamos trabalhar focados e com muita cautela. Você pode esperar porque, na hora certa, sempre aparece alguém para ajudar. Interessados nesses negócios não faltam, pois existem muitas lutas armadas pelo mundo e muita droga sendo consumida. Fornecedores e compradores encontram-se aos milhões.

No ponto relacionado ao auxílio de pessoas certas, Joaquim estava coberto de razão. O líder da gangue desencarnada chamou os seus imediatos ordenando:

— O nosso companheiro de luta está precisando que iniciemos um importante empreendimento. Vamos entrar em contato com os chefões, para acertarmos os ponteiros e colocarmos nosso protegido em contato com gente grande. Os negócios precisam prosperar rapidamente para que mantenhamos o nosso poder inalterado. Sempre disse para vocês que Joaquim não demoraria muito tempo para alcançar o sucesso. Trata-se de um verdadeiro gênio... Exatamente por isso os chefões deram um jeito para ele retornar para o corpo de carne. Grande cara! Tenho verdadeira adoração por esse garoto...

— Garoto, chefe? —questionou um dos comandados.

— Maneira de dizer, seu estúpido. Ele é quem manda de fato. É um verdadeiro ídolo para mim. Sempre foi...

— Agora vamos ao que interessa, pessoal. Temos muito trabalho pela frente — encerrou o líder, em tom autoritário.

CAPÍTULO 10

CONEXÕES SOMBRIAS

–Fale, Cavalo, o que você quer?

— Bem, chefe, conforme combinado anteriormente, vim informar que o nosso enviado iniciou seus projetos e precisamos acertar as conexões para o bom desempenho de suas atividades.

— Inicialmente, Cavalo, não é o "nosso", mas, sim, o "meu" enviado. Fui claro?

— Claríssimo, chefe.

— Já que este ponto está devidamente esclarecido, irei colocar você em contato com alguns responsáveis de outras falanges para encaminharmos gente que está no corpo grosso na direção do meu pupilo.

— O que terei que fazer inicialmente?

— Você dirá aos outros comandantes que o projeto está dentro do cronograma e que o pessoal responsável precisa começar a agir, fazendo a ligação vibratória entre os encarnados comandados por nós e Joaquim.

— Desculpe perguntar, chefe, mas como será possível tamanha operação?

— Sabe qual é o seu problema, Cavalo?

— Não, senhor, não sei...

— Você continua sendo um completo ignorante nas coisas relativas às ondas mentais e sintonia. Quantas vezes eu disse para você se inscrever nos cursos regulares que nós montamos aqui em nossos domínios?

— O senhor fez algumas recomendações, sim...

— Então, mexa-se! Aproveite para aprender ou pelo menos se informar como se dá a ligação magnética entre as criaturas.

— Entendo, porém, nunca tive muito tempo para as técnicas. Simplesmente vou fazendo e as coisas vão dando certo.

— Por isso o seu apelido tem a ver com você, seu teimoso estúpido. Já faz tempo que adotamos o conhecimento das técnicas para aperfeiçoar as nossas ações, obtendo, dessa forma, resultados cada vez mais efetivos. Já está na hora de quebrar essa sua resistência tacanha. Vá estudar! Caso contrário, eu terei que substituí-lo em suas atividades.

— Sim, chefe. Farei como o senhor deseja. Hoje mesmo vou me inscrever em um dos cursos e participarei ativamente.

— Está bem, agora saia e vá cuidar de seus afazeres. Não tenho todo o tempo do mundo para dedicar a você. Estarei esperando por resultados. Por isso, não me traga problemas, entendeu bem?

— Pode deixar. Não vou decepcioná-lo.

O comandado saiu cabisbaixo do ambiente lúgubre onde fora atendido. Ao passar por um dos guarda-costas do líder das trevas, ouviu em tom jocoso:

— Cavalo, você continua sendo um animal mesmo. Deveria ser chamado de burro, porque não é a primeira vez que nosso chefe fala sobre os cursos.

— Vá para o inferno, seu intrometido. Já não chega a humilhação?

O guarda-costas gargalhou solenemente e retrucou:

— Inferno é o que você vai experimentar se falhar com o pupilo dele, seu ignorante. Eia, Cavalo, eia...

CAPÍTULO 11

O ESPECIALISTA

—Javier, recebi a missão do chefão para acertarmos os detalhes com outros comandantes e estabelecer as conexões do pessoal que está na carne com o Joaquim.

— Certo, Cavalo. O que teremos que fazer?

— Você virá comigo. No caminho eu lhe explico...

Em pouquíssimo tempo, os demais líderes das falanges haviam sido contatados e, após um consenso entre os chamados senhores das sombras, foi designado um especialista para atuar diretamente com os encarnados envolvidos nos negócios escusos que Joaquim pretendia participar.

O técnico do mal, dirigindo-se a Cavalo e a seus comparsas, informou:

— Meu nome é Hector e fui encarregado em fazer a "ponte" entre o nosso pessoal de "terra" e os que estão em nossa dimensão. Para que vocês possam auxiliar de maneira mais objetiva, saibam que o processo é simples. Assim que o Joaquim entrar em contato com o pessoal de "baixo" com o qual se relaciona, inspiraremos confiança nesses sujeitos para que eles levem a mensagem aos seus respectivos chefes. Na sequência, o povo do nosso lado, que está cuidando dos encarnados que mantém o controle sobre os negócios na região onde se encontra o Joaquim, receberá as devidas orientações para que introduza e dê suporte ao garoto no início de suas atividades.

E prosseguiu:

— Os que se encontram no "corpo grosso" irão notar que Joaquim promete ser um bom negociante, apesar de apresentar pouca idade. Todas as conexões nas duas dimensões já se encontram em andamento e algumas delas já foram estabelecidas. Os mandantes que estão no corpo de carne neste momento perceberão que Joaquim nasceu para liderar.

— Contudo, Joaquim não poderá sofrer rejeição por alguns que se encontram no poder atualmente? — perguntou Cavalo.

— Isto será facilmente resolvido e você poderá influenciá-lo a contratar alguns especialistas para assuntos desta natureza, caso o rapaz precise solucionar algum problema, entendeu? Ademais, meu caro, um sujeito que tem a capacidade de eliminar os próprios pais saberá se virar praticamente sozinho.

— Sim, Hector, você tem razão. Todavia, ele não poderá sofrer nenhum acidente de percurso. Joaquim é peça fundamental para a estratégia de domínio do meu comandante e caso aconteça alguma coisa...

O especialista gargalhou e completou:

— Sua vida vai ficar muito complicada, não?

— Não temo por isso...

— Mas deveria... — interrompeu, outra vez, Hector.

— Cavalo, você não tem noção do que os chefões fazem com quem falha. O investimento feito para recolocar sujeitos como Joaquim no corpo de carne e continuar comandando o indivíduo não é tarefa fácil. Por isso, sugiro que você se esforce seriamente em sua missão, que poderá lhe proporcionar muitas vantagens, ou, então, será definitivamente a sua desdita.

— Certo. Obrigado pelo aviso — respondeu Cavalo contrariado, colocando um ponto final na conversa.

CAPÍTULO 12

MISSIONÁRIO DAS TREVAS

Em um curto espaço de tempo, Joaquim foi recebido pelos responsáveis do comércio ilegal de armas e drogas.

Os negócios visavam tanto a importação quanto a exportação dos produtos criminosos que entravam no país pelas suas vastas fronteiras, principalmente pelo mar.

Com o recebimento de todos os valores de seguro e de posse da administração das contas bancárias e outros bens de seus pais, Joaquim foi muito bem-recebido pelos mandatários que se impressionavam muito mais pela sua ousadia e talento do que propriamente pela quantidade de dinheiro, porque, para esses negócios escusos, o patrimônio do jovem não representava tanto.

Contudo, ele declarava abertamente a pretensão em fazer crescer a pequena fortuna e, para isso, não temia riscos.

O rapaz era extremamente inteligente. Infelizmente, utilizava esse potencial para o mal.

Já havia contratado vários guarda-costas, verdadeiros assassinos de plantão, que o obedeciam cegamente.

Na dimensão espiritual, as ações de Hector, Cavalo e sua equipe funcionavam perfeitamente, materializando ligações importantes para o sucesso de Joaquim.

Algumas oposições começaram a surgir, principalmente entre os chefes de menor calibre, seja no tráfico de armas ou de drogas.

Joaquim não se intimidou e procurou se acercar dos verdadeiros mandantes das operações, junto a autoridades e alguns políticos envolvidos na cobertura do comércio ilegal e demoníaco, com o qual se locupletavam.

Passou a ser o garoto simpático e querido nas reuniões, jantares e festas promovidos em mansões e clubes privados, pela sua elegância, postura, inteligência e educação.

Na realidade, suas tendências haviam brotado de seu subconsciente profundo com enorme intensidade, especialmente pelo uso continuado da cocaína.

Não demorou para receber algumas orientações quanto à sua desintoxicação, embora Joaquim e Deena mantivessem certo controle sobre o uso das substâncias.

Um dos responsáveis pelo "clube dos chefões", demonstrando grande estima pelo rapaz, vendo que fatalmente poderia ser ele um dos continuadores no comando, alertou-o sobre a possibilidade da perda do controle sobre a cocaína ou mesmo o álcool.

Isso mexeu com o orgulho de Joaquim, que para mostrar-se forte, suspendeu imediatamente o uso de qualquer substância nociva, fazendo com que sua inteligência se avivasse ainda mais.

Com a sustentação que recebia das entidades desencarnadas, o jovem sempre apresentava soluções brilhantes e ponderadas. Conquistou rapidamente a posição de conselheiro e, em qualquer negócio de maior monta, a opinião dele era aguardada.

Entre os responsáveis pelo comércio criminoso se ouviam comentários referentes à juventude de Joaquim e a capacidade revelada com tão pouca idade.

Todavia, qualquer posição contrária de algum chefe encarnado era solenemente punida quando do processo do desdobramento pelo sono. O sujeito recebia um tratamento com tamanha agressividade que despertava por vezes durante a madrugada, tendo ao seu lado alguma entidade praticamente materializada a exigir-lhe submissão imediata, ordenando que não ousasse causar qualquer embaraço quanto ao desempenho do rapaz.

Caso houvesse reincidência, o infrator seria punido severamente e, para isso, os líderes das trevas estimulavam a desconfiança nos demais comandantes do "clube". Como a obediência da maioria dos encarnados era próxima da totalidade, em virtude do processo de subjugação ao qual estavam submetidos, qualquer alteração de rota de um dos seus componentes sofria correção imediata.

Aos poucos, Joaquim se tornava um verdadeiro missionário das trevas, ganhando respeito dos líderes mais velhos e experientes. Todos eles faziam questão de estar a seu lado, dando-lhe o apoio necessário.

CAPÍTULO 13

O MÉDIUM DO MAL

—Joaquim, preciso encontrar uma solução para os problemas que estou vivenciando com os meus pais.

— Como assim, Deena? Não estava tudo bem?

— Até certo ponto. Mas as cobranças em relação à universidade são enormes. Agora minha mãe deu para remexer as minhas coisas e, na semana passada, questionou-me sobre a quantidade de dinheiro que estava na minha bolsa.

— E você, o que disse?

— Disse que o dinheiro era seu e você havia pedido para que eu depositasse no banco. De repente querem me controlar totalmente.

— Creio que está na hora de acertarmos a nossa situação, Deena.

— Por que você não volta para sua casa? Para que ficar morando neste *flat* que você alugou, quando a casa está vazia?

— Não tenho interesse em viver lá e não pense que eu seja supersticioso, porque isso eu não sou, mas, tão logo eu possa, vou colocá-la à venda. Farei o seguinte: compro uma casa, você se encarrega da decoração e vem definitivamente morar comigo. O que acha?

— Acho ótimo. Vamos formalizar nossa situação?

— Estou esperando alguns negócios se concretiza-rem e, se tudo der certo, vou colocar a mão em uma grana firme. Aí fazemos uma festa e convidamos prin-cipalmente o pessoal do "clube".

— Está certo, então. Agora, de um polo a outro, Joa-quim, como andam as investigações?

— Bem... O sujeito que eu apontei como possível res-ponsável conseguiu se safar, por absoluta falta de provas contra ele. Como a polícia quis dar continuidade, solici-tei para o presidente do "clube" certa interferência. Você sabe, o cara é poderoso e extremamente bem articulado. Com certeza, em breve o caso será arquivado.

— E você não me contou nada?

— Deena, eu não quis causar preocupações para você, minha querida.

— Preocupações? Você acha que eu estava tranqui-la? A ansiedade em que eu vivo, esperando alguma sur-presa desagradável de uma hora para outra...

— Você me desculpe, porém, às vezes, assuntos des-ta natureza estão reservados para a área masculina, se é que me entende.

— Não, sinceramente não entendo esse seu machismo.

Habituado a dar ordens sem qualquer contestação em passadas experiências, a observação da namorada acendeu em Joaquim a chama do mandante cruel. Num átimo, seus olhos ficaram injetados de sangue, sua fisionomia se modificou por completo e seus traços tornaram-se demoníacos. Sob a influência da entidade que se encontrava em sintonia fina com ele, por um instante o rapaz parecia ter coberto o rosto com uma máscara animalesca.

O desencarnado que o envolvia naquele momento era o chefe da falange com a qual Joaquim estava intimamente ligado. Por um instante, um processo de transfiguração ocorreu, alterando-lhe inclusive a própria voz, que se tornou rouca e gutural.

Avançando na direção de Deena, vociferou:

— Como ousa tratar-me desta maneira desrespeitosa? Quem é você para falar-me assim?

A moça apavorou-se com o aspecto do namorado e, com voz trêmula, respondeu:

— Perdoe-me. Fui infeliz em as minhas palavras... Não é necessário agir deste jeito. Por favor, me perdoe.

— Saiba de uma coisa de uma vez por todas, você está aqui para me servir, entendeu? Não pense que vou tolerar qualquer atitude de contestação de sua parte. Tome cuidado com o que fala.

— É que eu pensei que você poderia ter me avisado, só isso...

— Cale-se, você não foi enviada para pensar a respeito de coisa alguma. Está aqui para obedecer. Lembre-se de andar na linha ou a sua vida irá valer muito pouco.

A jovem apavorou-se diante da frieza que Joaquim demonstrava. O que ocorria era uma manifestação mediúnica de baixo teor, em processo de envolvimento integral. Quem falava de fato por meio da psicofonia era o próprio líder das trevas, que passara a assumir posição definitiva a partir daquele momento, dispensando Cavalo do seu posto. Joaquim passara a ser um médium completamente passivo e dominado. Em decorrência da importância dos próximos passos, todos os intermediários entre o líder trevoso e seu pupilo seriam dispensados. Era primordial o controle absoluto por quem possuía maior experiência de comando.

Passado o entrevero, gradativamente Joaquim foi reassumindo suas feições naturais e, sem dizer uma palavra, afastou-se de Deena. Ao sair do ambiente, bateu fortemente a porta atrás de si, demandando o caminho da rua.

CAPÍTULO 14

INVEJA E ÓDIO

Joaquim, ao sair de seu apartamento, ordenou aos guarda-costas que se mantivessem vigilantes, porque sairia um instante para espairecer. Muito a contragosto, o responsável pela segurança aquiesceu.

Ao alcançar a rua, o rapaz suspeitou que algo não estava bem. Imediatamente, um veículo aproximou-se da calçada e dois de seus ocupantes dispararam com suas armas na direção dele.

Ágil como um felino, atirou-se ao chão e rolou na direção de um carro estacionado próximo ao local, buscando proteger-se.

Os dois homens continuaram atirando na direção do veículo que o protegia. O ruído produzido pelo pipocar dos projéteis chamou a atenção de um policial que se encontrava relativamente próximo, que imediatamente buscou intervir fazendo alguns disparos para o alto.

A atitude rápida do policial desestimulou os atiradores e o veículo suspeito dirigido por um terceiro partiu em disparada.

O policial chamou por reforços, apesar da situação estar sob controle. Enquanto isso, procurou socorrer Joaquim, que apresentava somente alguns arranhões nos dois cotovelos, em virtude do salto que dera visando proteger-se.

O veículo do resgate chegou em seguida. Porém, o rapaz negou-se a aceitar qualquer tipo de socorro, dizendo-se bem e tranquilo. Possuía plena certeza de que o acontecimento não tinha absolutamente nada a ver com ele.

No entanto, Joaquim sabia que os agentes da polícia não pensariam assim. Fariam a ligação com o ocorrido com os seus pais e, no mínimo, as investigações seriam reabertas. Era necessária uma ação urgente de sua parte.

Passado o incidente, Joaquim compareceu com Deena na seção policial para os primeiros esclarecimentos. O rapaz estava coberto de razão quanto às ligações feitas pela polícia, cujas suspeitas levavam a ligação com os criminosos que haviam agido contra os pais dele e, agora, queriam eliminá-lo também.

A realidade, entretanto, era outra muito diferente. Joaquim despertara contra a sua pessoa a inveja e o ódio de alguns dos chefes de menor importância na sociedade criminosa. Eles temiam que o rapaz pudesse tomar em breve tempo o lugar do comandante geral, que estava com a idade avançada e já apresentava certa exaustão. Com a ousadia que lhe era peculiar, traria mudanças significativas e, com isso, poderia alterar posições, o que não atendia aos interesses de algumas pessoas.

Na dimensão espiritual, desde o momento do incidente com Deena, Joaquim vinha sendo completamente envolvido pelo líder das trevas que, além de livrá-lo da morte certa, estava assessorando-o quanto à direção a ser tomada em relação aos opositores.

Tão logo se viu livre dos primeiros embaraços com os investigadores, marcou uma reunião emergencial com os principais chefes do tráfico. Reuniram-se em sala reservada do clube e Joaquim, procurando manter-se controlado com a frieza que lhe era peculiar, habilmente apresentou o problema como um alerta para todos.

Com a postura de um executivo, solicitou que providências fossem tomadas em relação à polícia, que voltaria a incomodá-lo. Todavia, o mais grave diante da situação era a postura daqueles que estavam querendo desestabilizar os negócios, criando uma guerra desnecessária e cujo custo causaria uma redução drástica nas receitas, além de riscos adicionais junto aos políticos e algumas autoridades envolvidas, podendo expor-lhes sem necessidade.

Os argumentos do jovem eram substanciosos e detalhados e ele mesmo se propôs a comandar as investigações internas e tomar as atitudes que fossem necessárias quanto ao saneamento dos possíveis "problemas".

Agiria sempre de acordo com o comitê. No entanto, quando descobertos os interessados na desestabilização da organização, queria "carta branca" para agir rápido.

Como ele gozava da confiança dos comandantes de grosso calibre, além de receber as autorizações, foram disponibilizados recursos materiais, gente especializada para "comprar" informantes.

Joaquim despediu-se, prometendo que logo traria não apenas atiradores, mas sim, a cabeça dos culpados que ousaram discordar da organização.

Quando o jovem deixou o ambiente, o responsável pelo sombrio comitê comentou com o seu braço direito:

— Esse menino tem muito futuro. Vejo-me refletido nele quando era jovem, não só pela energia, mas, acima de tudo, pela ambição em querer voar mais alto. Temos diante de nós um verdadeiro predador.

CAPÍTULO 15

FRIEZA E CRUELDADE

A fascinação pelo poder em Joaquim havia atingido o auge. Com isso, sua crueldade despertada começaria a surtir efeito imediato naqueles que ousavam interferir direta ou indiretamente em sua ascensão.

A troca de muito dinheiro para alguns e tortura física em outros, os nomes dos mandantes da frustrada ação foram surgindo.

Realmente, um dos interessados em sua morte era um chefe de menor importância no circuito, que estava mais amedrontado com o fato da perda de prestígio perante os responsáveis do "clube" do que com o prejuízo financeiro. Um segundo, no entanto, agira por pura ganância e desejo de poder a qualquer preço.

Joaquim representava mudança, portanto, a posição cômoda de alguns estava ameaçada. O melhor a fazer nessas circunstâncias seria eliminá-lo e, assim, manter o *status* e a tranquilidade que reinavam dentro da organização criminosa.

Porém, problema de maior gravidade surgira para Joaquim, quando descobriu os responsáveis. Um dos mandantes era sobrinho de um influente político, que dava larga cobertura para os membros do "clube" há muitos anos.

Embora Joaquim não tenha se intimidado diante do quadro, achou prudente consultar o comandante geral da organização. Depois dos cumprimentos habituais, o rapaz sumarizou as informações:

— O senhor sabe que estamos com os nomes dos desestabilizadores de nossos interesses. Ocorre que um dos responsáveis é sobrinho do senador "X". Apesar da cobertura que recebe, creio que devemos manter a punição dada a qualquer infrator. Contudo, neste episódio que está fora dos padrões, achei melhor consultá-lo previamente.

— Fez bem, Joaquim. A prudência é um tesouro naqueles que buscam alcançar maiores posições. Hoje mesmo vou marcar uma reunião com o nosso "amigo e protetor", para buscar a melhor saída para esse impasse. Aguarde minhas instruções, está bem?

— Sim senhor, farei conforme deseja.

Ao se despedir, Joaquim, envolvido pelo líder das trevas, procurava conter-se ao máximo para não correr em direção àqueles que haviam atentado contra a sua vida e despejar todo o ódio que cultivava no coração. Uma coisa era certa: eles teriam que pagar um preço alto.

Os dias foram passando e a ansiedade de Joaquim em solucionar o caso, aumentava substancialmente.

O atentado contra a sua pessoa acionou os seus instintos de preservação mais extremos e, com sua inteligência privilegiada, aprendera rapidamente a necessidade de maior proteção.

Contratou um número acentuado de seguranças e mudou-se para um apartamento que, em pouco tempo, se transformou em um verdadeiro "bunker". Desde o ocorrido, sabia que todo cuidado seria pouco.

Finalmente a ordem chegou após a reunião com o tal senador. A execução de um dos mandantes deveria ser imediata, contudo, no caso do sobrinho do mencionado "protetor", a pena deveria ser dolorosa, evitando ao máximo transformá-la em capital.

Joaquim urrou de raiva como um animal ferido. Mesmo contrariado, sua posição ainda era a de subalterno e teria que aceitar a determinação que vinha dos superiores. Muito a contragosto, procurou o sobrinho do político, não sem antes mandar eliminar o outro responsável pelo atentado, com o intuito claro de que o sujeito soubesse de antemão o que provavelmente estava reservado a ele pela sua ousadia.

Apresentou-se diante do culpado cercado de seguranças prontos para receber suas ordens de execução. Porém, estando limitado em seus poderes, mas tendo que infligir dolorosa lição ao trânsfuga, utilizaria toda a sua cruel criatividade.

O sobrinho da autoridade demonstrou irreverência diante daquele que pretendera eliminar. Buscou apresentar-se com ar superior, porque sabia da importância de seu tio na organização.

Joaquim não se intimidou e sem rodeios disse:

— Sabemos de sua responsabilidade quanto à ação frustrada contra um membro do clube.

— Contra um membro do clube, não. Contra você exatamente — disparou o pretensioso.

— A maneira como você vê o quadro é problema seu. De minha parte, sou o enviado para aplicar-lhe a punição devida.

— O que você pretende? Quer criar uma guerra? Você acha que o meu tio e seus contatos não poderão causar mais danos à sociedade do que eu tentei causar eliminando você e suas pretensões? Para o seu governo, o lugar de comandante será meu um dia.

O jovem Joaquim mantinha-se frio diante do opositor, pois sabia que a intenção do outro era provocar-lhe fazendo com que perdesse o controle da situação e tomasse uma atitude precipitada. Era um verdadeiro jogo de gato e rato. Todavia, astucioso como era, respondeu:

— Isso o tempo dirá. Como venho na função de mensageiro, devo entregar-lhe a conta para que você salde hoje mesmo o seu débito. Seu parente já foi comunicado e está de acordo com as medidas a serem aplicadas.

— Você deve estar delirando, se pensa que o meu próprio tio possa tomar uma atitude drástica contra mim, que sou o sobrinho preferido dele.

— Parece que, neste caso, as questões familiares deverão permanecer fora dos negócios e interesses dele próprio.

Friamente, sem demonstrar qualquer tom sarcástico, Joaquim comunicou:

— Conforme as leis internas de nossa organização, sua atitude deveria ser punida com a pena capital. Porém, com a intercessão de seu familiar, sua pessoa poderá ser poupada desta vez.

— Não lhe falei? Sei quem eu sou e o que represento no "clube". Creio que podemos encerrar sua visita agora mesmo.

— Ainda não. Consta em minhas anotações que você está noivo e pretende se casar em breve. O custo de suas recentes atitudes poderá ser saldado diante de uma escolha.

O sujeito já impaciente, olhando para Joaquim de maneira desprezível, falou arrogante:

— Eu não sei por que aguento um imbecil como você, querendo apresentar uma conta que não vou pagar.

Joaquim fez um pequeno sinal com os olhos para um de seus acompanhantes. Este imediatamente entendeu, sacou de uma arma de grosso calibre e, aproximando-se do arrogante, apontou-lhe para a cabeça, enquanto o rapaz comunicava:

— Conforme as suas próprias palavras, eu não passo de um imbecil. Então, como imbecil, trago simplesmente a ordem expedida por aqueles que pensam. É a seguinte: você poderá escolher entre a sua execução imediata ou a eliminação de sua noiva, que será providenciada nas próximas horas. Pessoas devidamente destacadas já se encontram com ela em local apropriado, aguardando apenas um telefonema seu. Está aqui o meu celular com o número do executor que aguarda a sua ordem. Agora, por favor, queira escolher o que melhor lhe convier — ordenou Joaquim sem qualquer afetação, como estivesse tratando de coisas materiais e descartáveis.

O seu interlocutor foi tomado por um choque e, caindo de joelhos, implorou:

— Tenha misericórdia. Não posso fazer isso... Ela é a minha vida... Vocês não podem ser tão cruéis assim... Meu tio não pode ter concordado com tamanho absurdo... Peço clemência...

— Não estamos aqui como advogados. Somente como cumpridores de ordens. O que vai ser?

Suando frio e em bicas, tremendo e com a respiração ofegante, o comprometido rapaz gaguejou:

— De... Dê-me logo esse maldito celular...

Joaquim entregou o aparelho já com o executor na linha, que recebeu a ordem diretamente do noivo para materializar a ação criminosa.

O pobre infeliz atirou para longe o celular após dizer apenas: "sim". Levantou os olhos para Joaquim como se quisesse fulminá-lo naquele instante. Contudo, seu opositor muito calmamente tirou de uma pasta alguns documentos e comunicou:

— Como decisão final, o comitê retira o seu poder sobre a região de sua atuação, bem como o desapropria de seus bens, que deverão ser doados, conforme documentos que já se encontram prontos e deverão ser assinados imediatamente. Com os papéis, encontra-se também uma passagem para um país distante dos Estados Unidos. Lá você receberá certa quantia de dinheiro em conta bancária e uma casa para morar, com vigilância permanente. Como a sua liberdade é vigiada a partir de agora, não poderá sair daquele país de maneira alguma e, caso tente, os seguranças estarão autorizados a tomar as atitudes que forem necessárias. Agora, assine os papéis, para que o nosso pessoal possa acompanhá-lo ao aeroporto. Faça uma boa viagem!

Joaquim virou-lhe as costas e saiu sem expressar qualquer emoção.

CAPÍTULO 16

REAVALIANDO POSIÇÕES

– P reciso falar com você...

— Do que se trata, Deena?

— Joaquim, andei pensando e analisando todas as últimas ocorrências que nos envolveram e acredito que o nosso relacionamento venha se deteriorando a cada dia. Na última vez que discutimos, notei que estou completamente sem espaço com você. Ou me sujeito, feito uma mulher de séculos atrás, ou a minha vida ficará comprometida. Não é este tipo de relacionamento que eu quero para mim nem tampouco uma pessoa que não permita ser contrariada em momento algum, se postando como se fosse o dono da verdade.

E continuou a falar:

— Sei que você não vai querer admitir, mas as questões dos negócios em sua vida estão em primeiro lugar e sua fascinação pelo poder, além de me assustar, me traz enorme insegurança. Acredito que o melhor a fazer é darmos um tempo para nós e, dessa maneira, repensarmos sobre os nossos objetivos e interesses em comum. Quero uma vida como os meus pais, na qual eu possa ter e criar um filho com liberdade e sem opiniões pessoais castradoras.

— Certo, Deena, você já terminou?

— Sim.

— Em primeiro lugar, não estou entendendo essa sua posição em querer dar um tempo para o nosso relacionamento, com esse discurso conservador e com ares saudosistas. Um segundo ponto e logicamente o mais importante é: a organização a qual nos inserimos não permite que peçamos demissão como se fosse uma empresa comum. Uma vez dentro dela, só iremos sair por uma única porta, que você sabe muito bem qual é. Existe ainda outro inconveniente...

— Qual é?

— Você está envolvida comigo até o pescoço. Portanto, pela minha e — por que não dizer? — nossa segurança, o melhor que você pode fazer é rever sua decisão imediatamente. Tenho muita coisa em jogo e não posso permitir que tudo vá pelos ares, por causa do discursinho de uma garota acovardada de um momento para outro.

— Não sou covarde, Joaquim. Simplesmente não vou aceitar um relacionamento em que eu seja tratada como objeto. Acorde, porque o mundo mudou e faz tempo.

Joaquim gargalhou, completamente subjugado pelo líder das trevas que era agora uma companhia habitual. Com uma súbita alteração de voz, disse roucamente:

— Nada mudou, sua tola. As pessoas acham que um pouco mais de avanço tecnológico, nas mais diversas áreas, tenha alterado o desejo inato de poder que existe no homem. Simplesmente melhoramos a maneira como controlamos a massa e, caso seja necessário, mataremos com maior eficácia. Esse seu discurso de igualdade feminina vai levá-la para o túmulo mais cedo. Tente fazer algo que seja contrário aos interesses da organização que a sua vida não valerá um centavo.

— Você me apavora, Joaquim. Nem parece mais a mesma pessoa em determinados instantes...

— E não sou mesmo. Agora vivo em comunhão com outras mentes, atendendo aos meus interesses e aos deles. Então, não "aceitaremos" deserções em instante de tamanha importância, quando estamos muito próximos de tomar o poder e manter as coisas como desejamos. Essa conversinha de respeito aos direitos do semelhante é muito agradável, até que o sujeito que está investindo nela assuma o poder. Porém, quando o poder se instaure nas mãos do orador brilhante, perceba como o indivíduo se transforma. Somos lobos, por vezes disfarçados de ovelhas e, tão logo alcancemos os nossos objetivos, retiramos a pele de cordeiro. Não se engane: no fundo, somos todos iguais.

— Desculpe, mas eu não concordo com as suas colocações. Não chegamos até aqui em matéria de evolução para continuarmos a viver primitivamente. A Humanidade fez conquistas importantes quanto aos direitos do semelhante. Você está completamente equivocado e, quer saber, ultrapassado. É exatamente por isso, que eu quero ficar distante por um período para reavaliar a nossa situação.

Joaquim explodiu em um misto de ódio e frieza:

— Cale-se, sua estúpida! Você não tem opção! Assuma isso e cumpra as ordens que lhe são dadas ou eu mesmo tomarei as providências cabíveis.

— O que você vai fazer? Matar-me também? Ora, senhor Joaquim, veja se cresce...

Dizendo isso, Deena levantou-se do sofá onde se encontrava acomodada e foi se retirando do ambiente, quando Joaquim gritou:

— Não ouse sair da minha casa e da minha presença desta maneira...

— Está vendo como o ditadorzinho está se posicionando neste momento? Posso imaginar como será daqui para frente... — encerrou Deena de maneira irreverente, enquanto se dirigia para a porta de saída do apartamento.

CAPÍTULO 17

A VIDA COMO NEGÓCIO

-**Z**ack, venha até o meu escritório imediatamente.

— Sim, senhor.

O responsável pela segurança de Joaquim praticamente voou até o ambiente reservado para tratar de negócios, dentro do apartamento luxuoso em que o seu chefe morava. Pelo tom de voz dele no intercomunicador, a situação deveria ser grave.

— Pois não, chefe. O senhor está bem?

— Vou ficar. Existe um problema que precisa ser resolvido de maneira rápida, porém, sutil.

— Claro... Perfeitamente. De que se trata, chefe?

— Existe um traidor entre nós que precisa sofrer um acidente fatal, no menor prazo possível.

— Traidor? Mas como? Escolhi o nosso pessoal a dedo...

— Na realidade é uma traidora. Quero que seja preparado o processo de eliminação imediata de Deena.

— Dee... Deena? A patroa, chefe? O senhor quer dizer...

— Sim, isso mesmo. Ela está pronta para criar sérios embaraços para a nossa organização, comprometendo o bom andamento dos nossos resultados.

— Desculpe, mas não sou dado a questionar as suas ordens em momento algum. Contudo, o senhor tem certeza?

— Escute, Zack, você crê que eu poderia me enganar diante de fato tão significativo? Por acaso passa pela sua cabeça que eu esteja sofrendo de algum problema mental?

— De maneira alguma, chefe. Foi só uma grande surpresa. Para quando o senhor quer que providenciemos o serviço?

— O mais rápido possível. Chame os especialistas nessa área e criem um acidente com o veículo dela ou qualquer outra coisa que possa ter as mesmas características. Vá rápido e faça um trabalho à altura, entendeu?

— Sim, senhor, agora mesmo.

Enquanto o segurança saía do escritório, Joaquim decidiu ligar para o responsável pela organização e marcar uma reunião emergencial. Pela consideração reservada ao rapaz, os líderes mais poderosos se reuniram no "clube", atendendo ao seu pedido.

— Pois não, meu filho, o que a nossa "empresa" pode fazer por você?

— Inicialmente gostaria de agradecer a atenção dispensada por todos. Na realidade, senhores, estou apenas comunicando a respeito de certas providências que estou tomando em problema relacionado à minha pessoa.

— Do que se trata? — perguntou o líder.

— De uma infeliz constatação. Deena, minha noiva, decidiu encerrar o relacionamento comigo. Bem, isso não seria problema de maior gravidade em uma condição normal de ignorância a respeito de nossos negócios. Todavia...

— Entendo a gravidade—manifestou-se o líder, cortando a palavra de Joaquim. Saiba, meu filho, que a sua coragem e fidelidade aos objetivos de nossa "empresa" nos causam enorme satisfação e respeito. Os senhores concordam comigo?

Os outros chefes, que acompanhavam atentamente a conversa, responderam positivamente à pergunta.

— Posso lhe adiantar, Joaquim, que há muito tempo não tínhamos em nossas fileiras gente com a sua fibra e esperamos que a sua trajetória conosco seja, cada vez mais, coroada de sucesso. Todos estão muito satisfeitos com as suas atitudes no sentido de salvaguardar o bom andamento dos negócios.

— Agradeço a confiança e creio sinceramente que os interesses da organização não podem se misturar aos nossos anseios e problemas pessoais — agradeceu Joaquim em tom professoral.

— Certamente. Você vai precisar de suporte para tão delicada empreitada?

— Já se encontram em andamento as providências para este caso, senhor.

— Muito bem. Porém, se necessitar de algo, não hesite em nos contatar, ok?

— Sim, senhor. Obrigado mais uma vez pela atenção dispensada.

Enquanto Joaquim saía, os chefes se entreolharam e um deles, quebrando o silêncio, disse:

— Esse garoto tem coragem. Realmente impressiona...

Naquela mesma noite, Deena, ao desembarcar de seu veículo que acabara de estacionar diante de uma cafeteria, foi atropelada por um caminhão que vinha em alta velocidade e cujo motorista se evadiu do local sem deixar pistas.

CAPÍTULO 18

O EXECUTIVO DO MAL

Um verdadeiro dramalhão novelesco foi montado por Joaquim ao receber a notícia da morte de Deena, no hospital onde o corpo da pobre moça já havia ingressado sem vida.

As cenas teatrais de desespero promovidas pelo noivo tocavam os corações mais endurecidos.

Rasgando a sua camisa em momento de descontrole, bradava aos céus sua infelicidade em ter perdido em tão curto espaço de tempo seus queridos pais e agora a amada, que era a promessa de dias de ventura.

Dizia que estava sendo punido pela divindade e perguntava-se por que tamanha desdita.

Os pais de Deena tentavam de todas as maneiras minimizar-lhe o sofrimento e, em determinado instante, Joaquim, fingindo outro espetáculo ridículo, fez menção em querer suicidar-se, ingerindo um produto de higiene hospitalar, no que foi rapidamente contido por um enfermeiro que se encontrava próximo.

Acalmado, depois de medicação adequada, o noivo pôs-se a cuidar de todos os detalhes, para que as exéquias fossem realizadas dentro do maior luxo possível, como se isto solucionasse a dor dos pais diante do trágico acidente.

O mau-caráter ficou grande parte do tempo abraçado aos pais de Deena, como se fosse o filho do casal, chorando a noiva querida e prometendo envidar todos os esforços para encontrar o culpado, para que o braço da justiça agisse pesadamente sobre o infeliz.

Ao mesmo tempo em que se fazia de pobre coitado, por trás dos acontecimentos, os policiais corruptos e completamente envolvidos na organização criminosa preparavam o acobertamento de mais um ato de total desrespeito à vida, recebendo, por isso, polpudas somas em dinheiro em contas bancárias nas quais constavam apenas números como identificação, todas elas abertas em paraísos fiscais.

Para variar, Deena seria outro caso a ser arquivado, porque o veículo utilizado para o crime havia sido roubado horas antes e o motorista que se evadiu do local usava capuz, máscara e luvas. Todos os cuidados foram tomados e o proprietário do caminhão somente não foi incriminado, porque registrara na delegacia o desaparecimento de seu veículo momentos antes do "acidente".

O trabalho fora realizado por profissional experiente, que não agira sozinho e conhecia perfeitamente a arte de matar sem deixar qualquer vestígio incriminatório.

Na dimensão espiritual, tanto Deena quanto Paulo

e Josiane ficariam em profundo sono terapêutico, em instituição de assistência especializada para recém-desencarnados. Isto porque seus amigos espirituais queriam evitar qualquer envolvimento direto com os acompanhantes de Joaquim.

Sendo a malta infeliz constituída de Espíritos cruéis e altamente comprometidos com a Lei Divina, os pais de Joaquim e sua noiva seriam fatalmente escravizados e utilizados como verdadeiros joguetes em mãos habituadas no crime. A melhor medida seria isolá-los, não permitindo, desta maneira, qualquer estímulo ao exercício do ódio e vingança contra o ingrato que ceifara suas existências.

Enquanto isso, no plano físico, o jovem aumentara em muito o seu prestígio e recebia o apoio de todos os chefes para ocupar uma das posições de liderança recentemente aberta, com a eliminação dos dois traidores. A proposta tinha como objetivo prepará-lo convenientemente para assumir em futuro breve a coordenação geral de todas as atividades da organização.

Para isso, foram contratados profissionais de diversas áreas, visando transformá-lo em um executivo com as mais altas qualificações. Inseriram também um experiente magnetizador, para ministrar-lhe aulas dentro desta área, para que Joaquim, que era possuidor de uma energia impressionante, pudesse utilizá-la e alcançar resultados cada vez mais promissores.

Sua oratória com o tempo tornou-se brilhante e altamente convincente. Os políticos que se envolviam com a organização viam a possibilidade de uma carreira nesse segmento, podendo assim fortalecer o "clube", tanto na proteção necessária junto aos órgãos federais como no significativo aumento das oportunidades de receita para todos os seus membros.

Foram necessários apenas dois anos de investimento e Joaquim recebia o bastão de senhor responsável pela empresa, entregue diretamente pelo antigo chefão que dizia ter chegado a hora de se retirar do comando.

Ele era a promessa viva que todos aguardavam para modernizar a organização e ampliar os seus negócios, conquistando mais parceiros nos continentes onde tinham menor atuação.

Para isso, o jovem executivo tinha energia suficiente, apoio de seus pares e preparo adequado, além de contar com a assistência das entidades interessadas em manter o poder das trevas a qualquer custo, buscando sempre impedir o avanço espiritual do maior número possível de pessoas.

CAPÍTULO 19

O CANDIDATO

Paulatinamente, a habilidade de Joaquim foi trazendo mais clientes e, com isso, fornecedores interessados em ampliar os negócios. A fortuna gerada pelo comércio ilegal de armas e drogas acabava por comprar os mais resistentes moralistas, que apenas agiam assim para aumentar o preço a ser pago.

Um ou outro que resistisse mais bravamente, por vezes, precisava ser "substituído", na linguagem comum utilizada entre o jovem executivo e seus assessores.

Joaquim, inteligentemente, assediava também pessoas da mídia e artistas para, com isso, aumentar o prestígio, principalmente junto aos políticos, negócio que começou a interessá-lo diretamente. Às vezes, se perguntava:

— Por que manter esse pessoal no bolso do paletó e gastar fortunas corrompendo-os? Não seria melhor ficar com o poder diretamente nas mãos?

Ainda não era chegado o tempo para conciliar tanto trabalho e a carreira política, mas a possibilidade poderia ser considerada em um futuro breve.

Com os negócios prosperando, Joaquim decidiu criar filiais por diversos países, cobrindo a ilegalidade com empresas voltadas para a área financeira e de exportação de bens e serviços.

Agindo como verdadeiro líder, não tomava as decisões isoladamente. Cercava-se de especialistas em todas as áreas, pagando o preço que fosse exigido. Queria sempre contar com o melhor direcionamento. Os lobistas mantinham alto apreço pelo jovem executivo, que não poupava dólares para alcançar os resultados esperados.

Os acordos realizados por Joaquim eram cumpridos à risca, não sendo admitido, em hipótese alguma, qualquer deslize cometido pelas partes envolvidas. O preço a pagar por um erro sempre era o mais alto.

A organização tomou um vulto tão considerável que passou a influenciar diretamente na administração de alguns países menos desenvolvidos, principalmente aqueles que eram grandes exportadores de drogas ou mantinham suas fronteiras relaxadas e abertas para o tráfico. Presidentes e políticos passaram a ser eleitos com o financiamento proveniente das empresas geridas pelo "clube".

Com tudo funcionando dentro dos conformes, Joaquim decidiu adentrar a carreira política.

Os analistas políticos ficaram impressionados com o discurso arrebatador do jovem candidato a prefeito da cidade onde residia. O magnetismo pessoal dele arrebatava as multidões.

O inteligente e jovem executivo mandou contratar um gigantesco número de pessoas para apoiar suas propagandas e discursos. As melhores agências de marketing tinham seus orçamentos engrossados, para que montassem campanhas brilhantes. Joaquim, habituado a vencer a qualquer custo, não admitia sair perdedor de empreitada alguma.

Um dos seus competidores diretos, oferecendo resistência ferrenha a uma associação com ele, dada a popularidade que conquistara na cidade pelos longos serviços prestados em algumas secretarias, sofreria um revés em sua campanha com a morte súbita de sua jovem esposa, vitimada por um enfarto do miocárdio.

A verdade nunca esclarecida a respeito do falecimento da jovem fora a insistência do concorrente em não aceitar a proposta de associação. Acuado pelos assistentes diretos de Joaquim, o competidor decidiu abrir mão de sua candidatura. Assim, o caminho estava aberto para o candidato sem escrúpulos e sustentado pelo crime.

CAPÍTULO 20

O CHEFÃO

A posição de prefeito da cidade favoreceu extremamente as empresas de Joaquim. Com o poder que detinha em suas mãos, tomou ações imediatas com a polícia, afastando moradores ou frequentadores indesejados nos bairros de seu interesse, não só para instalar filiais de suas companhias, mas também a fim de ganhar pontos importantes para o comércio de seus produtos ilegais.

A grande maioria dos políticos eleitos naquele mandato estava de certa forma associada à organização gerida por Joaquim, que agora era conhecido como "presidente" ou vulgarmente como "chefão".

Como demonstração de seriedade, Joaquim arranjou um casamento com Layla, uma das filhas de seu segundo em comando, unindo interesses e aparências em um evento grandioso, envolto em luxo exacerbado, muito próximo do mau gosto.

Não demorou para sua esposa apresentar-se grávida diante da sociedade, coroando uma união e posicionamento de sucesso do jovem rico e de futuro promissor na política.

Na administração pública, seu trabalho pessoal não era dos mais brilhantes, porém, atendia razoavelmente aos anseios da população. Por manter-se sempre muito ativo e ser dono de uma postura cuidadosa, o reconhecimento de competência pela maioria de seus eleitores passou a ser comentário generalizado.

Porém, os objetivos de Joaquim eram ousados, e seu foco não estava voltado apenas aos voos mais altos na política. O que o astuto chefão queria, de fato, era a aproximação dos homens públicos com maior influência e, a peso de ouro, compraria o apoio necessário aos seus projetos de expansão, principalmente no setor financeiro.

Outro ponto não menos importante era o relaxamento quanto à entrada das drogas no país, principalmente a cocaína, cujo comércio, associado ao tráfico de armas, rendia somas bilionárias, que eram reinvestidas em suas empresas, possibilitando que boa parte do dinheiro escuso fosse "lavado", tonando-se legal.

Para isso, especialistas e os mais diversos mecanismos eram utilizados para manter a aparência de legalidade. Qualquer pessoa ou instituição que se posicionasse contrariamente era logo comprada ou eliminada sumariamente.

Joaquim passou a ser recebido nas altas rodas da

sociedade como um verdadeiro "rei", que não poupava esforços e dinheiro para deixar os seus súditos felizes, mas, naturalmente, debaixo de suas ordens. Todavia, ele sempre muito cauteloso e desconfiado, alertado pelos seus comparsas espirituais, não descuidava um minuto sequer em relação à manutenção da boa vida que dava para seus correligionários mais próximos.

Extremamente sagaz, o novo chefão recrutava uma equipe de assistentes que se responsabilizava pelos chamados "presentes de ocasião". Em aniversários, batizados, casamentos ou qualquer outro evento menos significativo, lá estava um de seus representantes com valioso regalo e cartão assinado pelo próprio Joaquim, que fazia questão de ser lembrado carinhosamente.

Sua popularidade era garantida, principalmente pelo trabalho competente de uma equipe de marketing pessoal, que investia numa imagem de cidadão exemplar, cativando os mais resistentes opositores.

CAPÍTULO 21

NA DIMENSÃO
ESPIRITUAL

— Alexis, como está o quadro de nosso irmão Paulo e de nossas irmãs Deena e Josiane?

— Continuam assistidos pela sonoterapia. Os pesadelos diminuíram sensivelmente de um mês para cá, Doutor Honório.

— Como é de seu conhecimento, em matéria de progresso reencarnatório, temos aqui um quadro de aproveitamento próximo do sofrível.

— Sim, eu fui informado. Lamentavelmente, as possibilidades oferecidas foram negligenciadas pela ilusão do dinheiro e do poder. Desperdício de tempo e aprendizado, Doutor.

— A propósito, Alexis, temos dois estudantes do Instituto de Reencarnação, interessados nesse intrincado caso. Esses estagiários pesquisam há muito tempo, desde o início do século XX, os desvios nas programações reencarnatórias.

— Incrível, Doutor! Devem ter coletado uma quantidade de material impressionante.

— De fato, Alexis. Passe mais tarde em minha sala, para que eu possa apresentá-los, está bem?

— Perfeitamente, Doutor. Tão logo termine o meu turno de assistência.

— Então, aguardo você. Lá pelas 17h30?

— Combinado, Doutor.

No horário acordado...

— Entre, Alexis, entre... Esses são os nossos irmãos de quem lhe falei: Rômulo e Manoel.

Feitas as apresentações, o Doutor Honório continuou:

— Rômulo e Manoel tiveram suas últimas experiências reencarnatórias em terras portuguesas, e é esta uma das fortes razões pelas quais gostariam de acompanhar o caso "Joaquim".

E, dirigindo-se para a dupla recém-chegada, o facultativo informou:

— Alexis foi designado para acompanhar Joaquim, logicamente, dentro das possibilidades do reencarnado, pois a situação de seu assistido é de grande e longo envolvimento com entidades que insistem em viver na ignorância e na ilusão de falso poder, sem nenhum respeito pela vida.

— Sim, é verdade. Conforme informado pelo Doutor Honório, venho tentando libertar meu tutelado das malhas da insensatez, há quase cinco séculos.

— Quinhentos anos, Alexis? —questionou Manoel.

— Sim, meu amigo. Desde que foram iniciadas as

primeiras expedições exploratórias nas Américas. Joaquim, em outras existências, sempre envolvido pelas entidades que o acompanham na dimensão espiritual ou física, luta para a manutenção de poder sobre os seus semelhantes.

— Quer dizer que o seu tutelado já reencarnou tanto em Portugal como na Inglaterra...

— Também no Brasil e nos Estados Unidos, onde se encontra presentemente, sofisticando-se cada vez mais na arte do desrespeito a si próprio e ao próximo — completou o mentor a frase de Rômulo.

— Poderíamos saber qual a sua ligação com Joaquim?

— Sim, Manoel. Faço parte do grupo que busca resgatá-lo de sua inconsequência. Josiane e Paulo já foram meus filhos em longínqua existência, e Joaquim, um neto muito estimado, que infelizmente sempre procurou o caminho do desequilíbrio, apesar de nossos constantes investimentos em sua redenção. Joaquim foi filho e, ao mesmo tempo, algoz do casal em uma existência passada. Porém, a misericórdia do Criador, unida ao exercício do perdão por parte de Josiane e Paulo, permitiu que eles aceitassem a missão da maternidade e da paternidade, dando uma nova chance ao filho rebelde de outros tempos. No entanto, apesar do suporte e auxílio espiritual, nossos três tutelados não conseguiram superar o egoísmo e as ilusões do dinheiro e do poder. Em situação mais comprometedora se encontra Joaquim que, aliado a outras mentes enfermiças, ainda continua semeando o mal.

— Entendo. A turma com a qual ele se associou é muito poderosa, não?

— Isso é verdade, Rômulo. Temos outros irmãos nossos muito queridos, que também se deixaram envolver pelas tramas de Joaquim e hoje engrossam a malta de Espíritos que o acompanham nos dois planos.

— Nós pesquisamos também o histórico de Deena, Alexis. O Doutor Honório adiantou-nos parte do reporte deste complicado caso. O curioso é que a jovem é uma aliada de longo tempo, não? Por que foi tratada com tamanho desprezo e violência? — voltou a perguntar Rômulo.

— Joaquim e "Brutus", como prefere ser chamado o líder das trevas, não permitem qualquer deslize ou questionamento em relação ao domínio que mantêm, não importando o que necessite ser feito para continuarem no comando, e isso se aplica ao nosso plano e na dimensão física.

— Não seria melhor isolá-los durante certo período para que não continuassem a cometer tantos desatinos, Alexis?

— E quem disse que a reencarnação não atua desta maneira, Manoel? Mas não adianta manter o indivíduo preso contra a sua vontade. As oportunidades precisam ser dadas, não obstante nossa visão ser limitada em relação a elas. Vejamos bem: Joaquim já se envolveu em diversos crimes e provavelmente não deverá parar por aí durante a sua existência atual. Contudo, apesar de enxergarmos somente o lado desagradável dos acontecimentos, por estarmos momentaneamente limitados em nossas observações, é preciso considerar que o Nosso Criador possui a visão integral sobre o processo evolutivo de todos nós. Conforme sabemos, se o acaso não existe, um objetivo maior e providencial será a base de sustentação para esses desequilíbrios que assistimos com regularidade em nosso planeta. Muitas vezes, as soluções estão relacionadas com a questão do tempo. Por exemplo: quem diria que todo o poderio de Roma se transformaria em peças de museu a céu aberto? Onde estão os imperadores e os senhores poderosos, os generais e seus exércitos?

— Entendo... No entanto, diante de quadros intrincados, o imediatismo e o desconhecimento buscam soluções de curto prazo, sem levar em conta o todo — considerou Rômulo.

— Sim. Todavia, o Senhor nos permite o aprendizado. Joaquim será para nós desafio e lição, concordam rapazes? —perguntou Alexis.

— Com certeza, respondeu Manoel.

CAPÍTULO 22

NADA É POR ACASO

–Rômulo, Manoel, aí está nosso irmão Joaquim.

— Meu Deus, Alexis... Caso não estivéssemos na dimensão espiritual, encontraria certa dificuldade para identificar quais dos dois Espíritos é o Joaquim — lamentou Manoel.

— Infelizmente, a simbiose entre nossos infelizes irmãos chega a ser impressionante realmente—redarguiu Alexis.

— Ambos caminham para um processo de subjugação somente vista em casos muito especiais, não, Alexis? — questionou desta vez Rômulo.

— De fato ela já é corrente. Em determinados momentos, é difícil fazer a distinção de quem é um ou o outro. Veja por você mesmo e constate se o processo não é semelhante ao da transfiguração, tamanha a sintonia.

— Sim, Alexis... Inclusive nas deformações apresentadas. Perdoe-me a observação, mas Joaquim e Brutus se parecem com dois monstros fundidos.

— Perceba como a reencarnação é bênção até neste caso. A genética é tão preponderante que oferece a oportunidade de esconder, por certo período, as características deformadas do perispírito daqueles que se debatem na profunda ignorância. Figurativamente, poderíamos chamá-los de anjos decaídos, considerando que, em essência, todos o somos realmente, conforme ensinado por Jesus, quando se referindo a todos nós, como deuses.

— A observação é totalmente cercada de lógica, Alexis. Todavia, diante de um quadro tão doloroso e comprometedor como este, o que de prático poderíamos fazer para auxiliar esses nossos irmãos? Além do quadro enfermiço entre ambos, ao adentrarmos a este ambiente, notei uma verdadeira legião de entidades sofredoras que se posicionam como seguranças — observou Manoel.

— Diretamente não podemos interferir, até porque teríamos que adensar nosso perispírito para sermos percebidos por esses irmãos enfermos. No fundo, sofrem da patologia do amor enlouquecido, pois, apesar da necessidade que possuem, lutam contra o óbvio, ou seja, a urgência imperiosa da reformulação interior.

— Como assim, Alexis?

— Manoel, o desequilíbrio consome e tortura esses companheiros que se viciam no câncer chamado egoísmo, que, aos poucos, vai dilacerando a alma, por ser contrário à nossa essência divina. A enfermidade é condição do Espírito devedor do amor fraterno que precisa ser exercitado inicialmente em nosso interior, como verdadeira medida preventiva. Por isso, Jesus recomendou que amássemos o nosso semelhante como a nós mesmos.

— Concordo, Alexis, porém, como trabalhar em nós aquilo que ignoramos?

— A pergunta procede, Manoel. Exatamente por isso, não somos criados para viver isoladamente. A vida de relação nos oferece a oportunidade deste exercício. Somos criaturas oriundas do amor divino, logo, por necessidade genética, considerando a filiação de Deus e não encontrando melhor analogia neste momento, necessitamos da chamada troca energética que, nos mecanismos primários de evolução, se dá muito mais acentuadamente pelo sexo.

— A sexualidade é ainda manifestação inicial daquilo que, um dia, será pura troca energética em padrões elevados de amor e fraternidade. Para atender às nossas necessidades de dar e receber essa energia divina, decidimos denominá-la como amor. Entretanto, o amor verdadeiro é praticado por aquele que se doa sempre, que não necessita de retribuição nem escolhe quem ama. Logicamente, já identificamos entre nós muitos Espíritos que vivem essa condição elevada, respeitando o padrão evolutivo que conhecemos, porque estamos muito longe de entendermos o que sentem essas grandes almas que amam a coletividade. Você pode imaginar, Manoel, o prazer que sente uma entidade evoluída como Jesus ao externar o Seu amor pela Humanidade?

— Infelizmente, não posso, Alexis. Alguém que está sendo sacrificado pela ignorância e endurecimento do coração das próprias criaturas que lhe são absolutamente dependentes é simplesmente inimaginável para o meu entendimento... Jesus, como exemplo simples, é o Bom Pastor que, pela pequenez das ovelhas que cuida, é por elas sacrificado.

— Figurativamente é um bom exemplo, Manoel. No supremo desconhecimento, queremos nos afastar Daquele que nos estende a mão com o alimento. Preferimos a miséria moral ao Evangelho Redentor — concluiu Alexis. Mas, voltando aos aspectos práticos do serviço de assistência aos nossos irmãos, tenho, e com certeza passo a contar agora com vocês, estimulando em Joaquim alguns momentos de lucidez, quando este se aproxima do filhinho que acaba de nascer.

— É exatamente aquilo que estávamos conversando, não, Alexis?

— Sim, Rômulo... A vida abre as oportunidades para o sentimento ser tocado. Apesar da frieza do coração paterno, sendo secundado e estimulado por Brutus, para não ceder a esses anseios da alma, torna-se impossível resistir ao que somos verdadeiramente. A chama do amor, por mais que se encontre enclausurada, jamais se apaga.

— E o que é mais interessante, meus amigos, é o fato da simbiose entre Joaquim e Brutus.

— Como assim, Alexis?

— Perceba, Rômulo, com essa ligação extremada entre ambos, o que sente um é registrado pelo outro. De certa maneira, o sentimento de amor mantido por Joaquim, por menor que seja, afeta diretamente o seu parceiro de desdita.

— Tudo é perfeito nas Leis de Nosso Pai, não, Alexis?

— Podemos constatar desta forma, aquilo que já sabemos de há muito tempo: nada é por acaso. E o acaso é um dos pseudônimos que o Senhor utiliza, quando não quer ser identificado, conforme exarado brilhantemente pelo escritor Hermínio C. Miranda[2], que agora se encontra escrevendo em nossa dimensão.

— Pois é, Alexis. Contra fatos, por mais insistentes que sejamos, temos que admitir que não exista espaço para argumentos.

---

2 **Hermínio Corrêa de Miranda (1920-2013)** — *Foi um dos principais pesquisadores e escritores espíritas brasileiros. Autor de mais de 40 livros, dos quais se destacam* Diálogo com as sombras, Diversidade dos carismas *e* Nossos filhos são espíritos.

CAPÍTULO 23

TRABALHO PACIENTE

– Prestem atenção, amigos, como a vibração de Joaquim se altera quando ele se aproxima do filhinho.

— É interessante mesmo, Alexis. Parece que ocorre um pequeno desligamento entre ele e Brutus.

— Aproveitemos estes instantes para atuar em suas lembranças.

— Vocês dois se aproximem de Brutus e analisem a tela mental de nosso irmão, procurando alguma cena de alegria ou sentimento de amor, enquanto busco despertar em Joaquim aspectos semelhantes.

No tutelado, Alexis localizou em sua tela mental um momento de alegria em uma das existências onde Joaquim era embalado por uma ama de leite, que lhe dedicava profundo carinho e amor. Em breves instantes, Joaquim sentiu uma alegria profunda e inexplicável, retornando ao seu padrão vibratório denso, logo em seguida, pelo próprio hábito negativo, enraizado por longo tempo.

Enquanto isso, Rômulo e Manoel tentavam inutilmente despertar algo em Brutus que, mentalmente, se evadia de qualquer sugestão, colocando um sentimento pernicioso sobre qualquer cena agradável.

Os dois rapazes, ao se aproximarem de Alexis, relataram:

— Não conseguimos nada. Tanto eu quanto Manoel nos aproximamos a fim de fazer com que nosso irmão relembrasse alguma cena materna. Contudo, assim que surgia a figura de uma mãe acariciando-o, em seguida, Brutus colocava sobre a lembrança surras que lhe eram aplicadas pelos genitores, ocasionando com isso um padrão de revolta que isolava nossas melhores tentativas de inspiração.

— Amigos, não desanimem. A estrutura mental solidifica-se com a nossa disposição. À medida que insistimos em colocar foco, racionalizando determinado ponto, gradativamente, automatizamos o comando e, com isso, vamos transformando a pequena pedra em uma estrutura granítica. Brutus terá imensa dificuldade em removê-la em trabalho solitário. E é exatamente por isso que o Senhor nos manda recursos em forma de auxílio, por vezes de maneira tão sutil que nem sequer percebemos. Tudo é feito assim, para que o nosso livre-arbítrio seja respeitado. Aceitaremos o auxílio quando acharmos conveniente, seja pelo amor ou pela dor, que, neste caso, acaba sendo imposta pela nossa própria vontade, pela insistência no erro.

E prosseguiu:

— Quebrar a estrutura que Brutus mantém poderá levar muito tempo, porque não foi construída de um momento para outro. Não podemos nos esquecer de que todos nós vivenciamos dores por vezes brutais que causam grande estrago emocional. Tanto Brutus quanto Joaquim trazem em sua trajetória maus-tratos, violência, desamor e decepções imensas. O malfeitor de hoje foi o escravo de ontem. Os infelicitadores sempre terão a oportunidade de refazer o caminho para sanar as tristezas que causaram. Todavia, nas Leis de Deus, nunca nos esqueçamos de que a paciência coloca ordem em tudo.

— O que podemos fazer, então, Alexis?

— Continuar trabalhando e esperando os resultados.

— Mas ele nem sequer moveu seu pensamento na direção dos instantes agradáveis que identificamos em sua tela mental — arguiu Rômulo.

— Pelo contrário, meu amigo. Vocês conseguiram levá-lo até aquele afetuoso momento, que ele imediatamente procurou rejeitar. Não é assim que ocorre conosco? Quantas vezes passamos pelo Evangelho sem dar-lhe nenhuma satisfação? Apesar de sua estrutura estar vinculada às nossas vidas, por ser verdade eterna, continuamos iludindo-nos, não?

— Infelizmente, Alexis, tenho que concordar — disse Rômulo.

— Muito bem, contudo, chega o momento em que a lógica prepondera e nos voltamos para a nossa essência, despertados por vezes em situações comuns. Por exemplo: um toque de sentimento por um simples animalzinho que se aproxime de nós.

— Alexis, você tem razão. Décadas atrás, certo ditador considerado uma criatura extremamente fria foi visto, mais de uma vez, tratando seu cão com profundo carinho — falou Manoel.

— É a maravilha do amor, manifestando-se na criatura. É Deus conosco em tempo integral, e Dele, por mais que queiramos, jamais nos afastaremos — completou Alexis.

CAPÍTULO 24

O GOVERNADOR

Para os menos atentos, Joaquim cumprira seu mandato como prefeito de forma competente. Para as eleições a governador de seu Estado, os dirigentes do partido ao qual o "chefão" estava aliado não tiveram dúvidas em apoiá-lo integralmente. Os candidatos que se colocaram como competidores internos visando à possibilidade de disputa pela legenda foram facilmente derrotados.

Com o poderio das influências e um marketing agressivo, Joaquim seria eleito o novo governador, ampliando significativamente seus negócios pessoais com acordos mais afinados com políticos e autoridades influentes.

Vários magistrados, grandes empresários e autoridades eram convidados constantes em suas festas reservadas, sempre regadas pelos mais caros itens que o dinheiro pudesse comprar.

O jovem governador prometia em sua administração corrigir certos problemas, apontados por parte do empresariado, quanto aos impostos estaduais, tarifas e outros pontos importantes que impactavam diretamente as suas receitas. No auge de sua astúcia, ele colocaria preço alto para atendê-los, mantendo todos os interessados, literalmente, em suas mãos.

O sucesso e o brilho fascinavam o chefão, que já se postava como um ídolo e exemplo a ser seguido. Era tido pelos imediatistas e aduladores como um modelo a ser cultivado para a sociedade de consumo, na qual os fins eram completamente justificados pelos meios.

Inúmeras pessoas perderam a vida por contrariar os objetivos do "clube", sendo punidas com a morte, mesmo por deslizes mínimos. Joaquim mantinha a sua autoridade com mão de ferro, justificando a truculência sobre as vítimas, como exemplos para que outros não tentassem qualquer atitude considerada ameaçadora aos interesses do grupo.

Frio e calculista, dificilmente era tocado em seus sentimentos. A exceção era seu filhinho, cuja inocência e brincadeiras em sua primeira infância, quebravam um pouco a dureza do coração de Joaquim.

O Espírito que reencarnara como seu filho estava ainda acobertado pela fragilidade corpórea do recém-reencarnado, porém, tratava-se de uma entidade participante do grupo de Brutus que, estrategicamente, já pensava em sucessão. A existência no corpo físico, por mais longa que pudesse ser, não passaria de 80 ou 90 anos, e muito dificilmente um "chefão" continuaria a expedir ordens ou manter o comando integral da corporação, com uma faixa etária tão avançada. O poder precisava ser preservado e, para isso, ninguém melhor que Joaquim para preparar seu sucessor.

Contudo, por mais estratégica que as trevas possam usar, existem os planos divinos firmados nas Leis de Amor. Estes não são subornáveis nem tampouco modificados por interesses mesquinhos e pretensiosos.

Apesar do livre-arbítrio ser a maior prova da Justiça Divina, permitindo que o Espírito aja como lhe aprouver em suas ações, responsabilizando-se, obviamente, na medida de sua conscientização, temos que considerar a posição evolutiva na qual nos encontramos. Em outras palavras: para tudo existe limite, e a limitação é imposta pelo comportamento refratário do próprio Espírito que reduz seu poder de atuação por persistir no mesmo comportamento equivocado.

Os programas reencarnatórios passam por medidas semelhantes, nas quais nem sempre os nossos desejos são atendidos, porque será levada em consideração a necessidade que temos de aprendizado. Não será possível uma experiência milionária em uma reencarnação, se o melhor para o Espírito, naquele curto período de uma existência, for submeter-se a uma vida mais moderada. No final, mentores especializados e experientes podem interferir em nosso favor, caso não tenhamos a competência necessária para agir sozinhos em nossas escolhas. Como a criança que precisa ser orientada, Espíritos que se candidatem a reencarnações "construtivas e não simplesmente automatizadas", mas com um grau consciencial ainda imaturo, recebem dos mentores diretrizes importantes para que obtenham o maior sucesso possível na empreitada.

O fato de encontrarmos Brutus chefiando uma falange e crendo falsamente em dominar os processos reencarnatórios, buscando o domínio integral dos Espíritos que lhe eram afins, não significa que as Leis Soberanas e Universais possam ser alteradas para atender aos interesses dele.

Foi com imensa surpresa que Brutus constatou essa realidade, e Joaquim sofreria um dos seus maiores baques perante o espetáculo de horror, materializado à sua frente.

O "chefão", que tivera a fria coragem ao tirar a vida dos pais e depois a da própria noiva, estava diante do filhinho sem vida, e totalmente abatido pela dor.

A criança, por alguns minutos de descuido de sua babá, caiu dentro de enorme piscina na mansão de amigos de Joaquim, quando este os visitava na companhia de Layla, sua esposa.

Apesar de todos os esforços empreendidos, o menino, quando retirado da água, já estava com a sua existência comprometida, vindo a desencarnar poucos minutos depois. Sua babá também não continuaria viva por muito tempo.

CAPÍTULO 25

DEUS NÃO TEM PRESSA...

Com o desencarne do filhinho, Joaquim tornou-se ainda mais rude e insensível. Dava mostras de querer transferir sua frustração e revolta para o mundo que o cercava.

Passou a tratar Layla com maior indiferença do que era já de costume e só não a eliminou de sua vida, em virtude dos interesses e do envolvimento com o segundo em comando no "clube".

Sendo perspicaz como era, Joaquim não abriria uma guerra entre "famílias", apesar da dor que dilacerara seu coração. Mas, se não era possível remover o problema, conforme passou a considerar a esposa, o melhor seria ignorá-lo e administrá-lo a distância.

Para todos os membros do clube, a esposa geralmente não passava de administradora do lar, reprodutora e responsável pela educação dos filhos. Opiniões ou quaisquer manifestações por direito, além de não serem bem-vindas, geralmente eram punidas fisicamente. O casamento, para a grande maioria delas, não passava de uma prisão sofisticada, na qual a vida mais parecia uma peça teatral. Até porque, segundo o entendimento dos líderes machistas, em primeiro lugar, vinham os interesses financeiros e de poder, os sentimentos geralmente pertenciam aos mais fracos, que se deixavam levar nas decisões importantes. Por essa razão, as mulheres nasciam para ser comandadas e nunca para comandar.

Enquanto a vida do governador transcorria em sua rotina, no plano espiritual, novas análises eram realizadas sobre a reencarnação de Joaquim e seus respectivos desvios.

— Alexis, pode ser que eu esteja enganado, porém, o desencarne do filho de Joaquim piorou drasticamente a sua postura e maneira de agir. Parece-me ainda mais intransigente e frio diante de suas decisões.

— Manoel, por vezes, nem tudo é o que parece. Tenhamos em conta que a Justiça Divina não é cega nem vingativa. O Senhor não pune, mas, sim, nos educa, e aquilo que aparenta pode não ser a realidade dos fatos. Conforme expressão comum, Joaquim experimenta na pele aquilo que promove para os seus semelhantes. Aqueles que se posicionam contrariamente aos seus interesses passam a ser tratados como inimigos e precisam ser eliminados a qualquer custo, não é assim?

— Sim, ele age com as pessoas como se fossem números escritos a lápis, em uma folha de papel, que podem ser alterados ou definitivamente apagados, de acordo com o interesse do escritor — respondeu Manoel.

— Exatamente. Na forma como ele administra a sua existência, as pessoas que são eliminadas direta ou indiretamente, e tratadas como verdadeiros objetos, não possuem sentimentos ou criaturas que as amem e procurem zelar para o bem-estar delas. Vejamos o caso de Layla por exemplo. O coração de uma mãe que vive a experiência dificílima da partida de seu filho somente é compreendido por aqueles que passam por situação de caráter semelhante, variando obviamente o maior ou menor volume de informação sobre a continuidade da vida, e a possibilidade de comunicabilidade existente. Contudo, apesar de estarmos tão bem informados pela maravilhosa Doutrina Codificada por Allan Kardec, sobre a continuidade da existência no plano imediato que nos circunda, ainda é muito difícil trabalharmos com a chamada "perda". Temos consciência de que não perdemos absolutamente ninguém, e relacionamentos construídos com amor e respeito são imortais. Todavia, continua sendo complicado administrar, com equilíbrio e controle, testes dessa natureza.

— Você tem razão, Alexis. Também, com a verdadeira lavagem cerebral imposta por nós mesmos durante milênios de um deus punidor, que tira os filhos de seus pais como castigo ou mostra de poder, que não tem pela sua criação o amor que encontramos entre nós mesmos, dentro de nossa pequena evolução, o que poderíamos esperar? — questionou Rômulo.

— Continuar lutando para nos educar e não perdermos mais tempo na implantação do Evangelho em nossas vidas — orientou o mentor.

— Apesar do tempo decorrido da passagem de Jesus pelo nosso planeta, temos que considerar que, após séculos de obscurantismo e insistência na ignorância, o ser humano está melhor. Porém, a evolução não poderá dar saltos, desrespeitando o momento no qual o Espírito se encontra. Sair diretamente do banco escolar básico para a universidade quebraria completamente a hegemonia do crescimento do estudante, não?

— Sim, Alexis. Mas, fazendo um paralelo com o que você está dizendo e a condição apresentada por Joaquim, como entender que o desencarne de seu filho tenha promovido alguma mudança em seu interior?

— Vou utilizar-me de uma das perguntas que Jesus fez para Simão Pedro, quando reunido na casa do humilde pescador, exatamente na noite em que seria realizado o primeiro culto do Evangelho no Lar[3]:

— *Pedro, como procede o carpinteiro para alcançar o trabalho que pretende?*

O interlocutor, muito simples, informou sem vacilar:

— *Lavrará a madeira, usará a enxó e o serrote, o martelo e o formão. De outro modo, não aperfeiçoará a peça bruta.*

E continuou a ensinar:

— Perceba a sabedoria do Senhor estimulando o raciocínio de Pedro, que podemos utilizar por analogia: Joaquim é a madeira bruta e precisará ser trabalhada com paciência e determinação, características que não faltam nas Leis Divinas. Primeiro o trabalho de lavrar a madeira; depois, o resultado da peça que, um dia, será de grande utilidade para aqueles que a tiverem em suas mãos. Aguardemos o tempo, Rômulo. Deus não tem pressa...

---

3 *Capítulo. 1, do livro Jesus no Lar, pelo Espírito Néio Lucio, psicografia de Francisco Cândido Xavier*

CAPÍTULO 26

TEMPOS DE MUDANÇA

O mandato de governador que Joaquim detinha não pôde ser renovado. Ocupado demais com os negócios paralelos, sua administração pública foi simplesmente sofrível para o Estado.

Contudo, para os membros do "clube" e também para os partidários políticos e demais agregados, os resultados tinham sido excepcionais.

Como os volumes financeiros estavam aumentando rapidamente, o chefão resolveu envolver-se mais diretamente na administração.

A despeito de sua juventude, os anos branquearam rapidamente os seus cabelos, demonstrando o desgaste prematuro da organização física, em virtude dos excessos de toda ordem, sem contar ainda o processo de vampirização que recebia de Brutus. Este, inconscientemente, sugava de seu protegido certa porção de fluido vital, buscando aferir o prazer da matéria densa.

Em todas as atividades de Joaquim que trouxesse certa dose de prazer, Brutus partilhava diretamente. O parasitismo tornara-se tamanho que, gradativamente, a existência física do chefão começara a sofrer danos irreparáveis.

Acrescendo os desequilíbrios naturais do Espírito habituado a manter viva a chama do ódio em seu interior, Joaquim desenvolveu um câncer que se iniciou no estômago, levando-o a uma cirurgia de grande porte.

A partir desse episódio, sua disposição começou a sofrer abalos constantes e, em breve tempo, a metástase se faria presente.

A situação transmitia grande preocupação para Brutus, porque o sucessor de seu pupilo não estava reencarnado e o segundo em comando na organização criminosa pertencia a outra facção de desencarnados que, apesar de aceitar o comando de Brutus, sempre que podia fazia as coisas do jeito dela, criando certos embaraços. A sintonia entre os grupos não era perfeita, e a disputa do comando possuía certa regularidade.

O outro chefe, não obstante a submissão temporária, pregava com insistência a necessidade de alteração da coordenação. O correto seria colocar gente nova nos dois planos da vida. O que ele, na realidade, esperava era a possibilidade de destronar Brutus e Joaquim, colocando o seu serviçal que ocupava a segunda posição como senhor absoluto do "clube".

Enquanto as disputas estavam por iniciar entre os chefes das trevas, os estudantes reuniam-se uma vez mais com o mentor, para darem prosseguimento as suas pesquisas:

— Você acredita, Alexis, que poderemos fazer algo por Joaquim? — perguntou Manoel.

— Parece-me que a oportunidade está se apresentando, principalmente pelos últimos acontecimentos.

— Você quer dizer que a enfermidade e a indisposição de Joaquim irão trazer dificuldades diretas para a sua administração?

— Este ponto é apenas a ponta do iceberg, Manoel.

— Como assim?

— O mais importante neste momento é a luta que está por se iniciar entre os chefes das falanges.

— Alexis, por que a importância? Entre eles já não existe disputas há longo tempo? — questionou Rômulo.

— Porém, mais acirradas agora. A tensão é tamanha que, a qualquer momento, a explosão poderá ocorrer e, com isso, irá trazer a desestabilização de todo o processo de subjugação, porque, enquanto a luta acontece entre eles em nossa dimensão, a situação dos encarnados sem a assistência direta de seus líderes passará a sofrer desagregação e perdas.

— Significa perder uma suposta "proteção"? — perguntou Manoel.

— Sim, podemos utilizar essa terminologia na falta

de outra. Mas é exatamente isso que poderá ocorrer. Essas duas falanges já brigam pelo poder exclusivo e, agora, decidiram sair da troca de farpas para a luta em campo aberto.

— É sempre assim, não, Alexis? Onde reside o desequilíbrio é uma questão de tempo para que a guerra possa se consumar. — concluiu Rômulo.

— Você está corretíssimo. Percebemos isso quando analisamos qualquer agremiação que não tenha como foco o interesse em beneficiar o semelhante. Cria-se a desestabilidade pela disputa de cargos e posição, visando unicamente aos interesses pessoais e não aos da coletividade, a começar pelos elementos que compõem a organização propriamente dita. Uma empresa ou uma organização, mesmo que esta seja voltada para os aspectos espiritualistas, é, na realidade, uma sociedade, na qual a administração precisa trabalhar para o bem comum. E, a partir daí, exportar os resultados positivos para a coletividade como um todo.

— Sim, é certo. Quantas instituições voltadas para a assistência do bem ao próximo não cerram as suas portas, pela disputa ridícula de um poder efêmero, não, Alexis? —perguntou Manoel.

— Infelizmente é a dura realidade. Quando olvidamos que o melhor trabalho é o realizado com Jesus, o imediatismo ganha espaço e, com isso, termina por fascinar os mais incautos, que se deixam incensar por bagatelas. Enfim, Manoel e Rômulo, parece que estamos chegando ao tempo de mudança com Brutus, Joaquim e demais envolvidos. Confiemos na Sabedoria do Pai e nos apliquemos ao serviço com Jesus.

CAPÍTULO 27

GUERRA DECLARADA

As disputas tiveram início entre as duas falanges, exigindo que os líderes e os seus comandados pusessem toda a sua atenção e esforço nos combates que passaram a ser travados em campo aberto.

Enquanto as pelejas ocorriam na dimensão espiritual, Joaquim e o seu segundo na administração do "clube" recebiam as vibrações de discórdia emitidas pelos seus subjugadores, alterando substancialmente o clima entre ambos.

Não demorou para o chefão e seu braço direito passarem das colocações indiretas de desagrado a acusações e terminologia rude e desrespeitosa. Os problemas tomaram tamanho vulto que, em uma das discussões mais acirradas entre eles, o desastre aconteceu.

Joaquim, que se encontrava sentado em sua escrivaninha na sede do "clube", abriu uma das gavetas e retirou o revólver de grosso calibre, que mantinha para a sua segurança pessoal. Disparou-o seguidas vezes contra aquele que não somente era o seu substituto natural, como também seu sogro. Os projéteis atingiram em cheio o peito do opositor, levando-o à morte instantânea.

A desestabilização da organização estava iniciada, porque, logo após, os defensores do "subchefe", inconformados com a truculência e a forma como Joaquim agira, reuniram-se e decidiram dividir o "clube" e, por conseguinte, seus interesses.

Tal atitude de insubordinação não poderia ser aceita pelo chefão que imediatamente mandou seu pequeno exército agir e calar em definitivo os rebelados.

A guerra foi declarada e, com isso, ações violentas passaram a ocorrer de ambos os lados, com os resultados mais infelizes, quando a violência domina os envolvidos. Propriedades e pessoas inocentes acabariam sendo também atingidas, sem qualquer consideração e respeito.

O preço a ser pago por Joaquim seria alto e mais rápido que o próprio chefão poderia esperar. Em uma das ações violentas de seus opositores, Layla foi assassinada, juntamente com os dois guarda-costas e uma dama de companhia.

Joaquim, de fato, não se importava com a perda direta da esposa, com a qual mantinha um casamento de fachada, mas a ousadia da ação em si aumentaria seu ódio de tal maneira, que a saúde, já extremamente debilitada pelo câncer que o consumia gradativamente, foi de tal forma abalada que o até então poderoso e temido chefão foi internado em caráter de emergência no hospital.

Sua resistência estava próxima do fim e, em questão

de pouco mais de uma semana, ele deixava o corpo físico em definitivo.

O impacto causado em Brutus não poderia ter sido pior, enfraquecendo-o diante de seu competidor direto, abrindo brechas importantes para a total desagregação de sua falange.

A vitória, na realidade, de pouco adiantava para o seu opositor, porque o "clube" se desagregara rapidamente, perdendo a proteção de políticos, magistrados e empresários, que não queriam ter seus nomes ligados às ações sanguinolentas.

A polícia passou a agir diretamente, sem as obstruções que ocorriam de praxe e, em breve tempo, levou para a prisão diversos mandantes e capangas da organização criminosa.

O cerco era tamanho que rapidamente vários dos responsáveis pelos danos causados à sociedade eram posicionados diante dos tribunais, tendo sido decretadas suas penas. A grande maioria amargaria a prisão perpétua.

O câncer não vencera apenas o chefão, mas, ao mesmo tempo, permitira que a organização criminosa sob seu comando sofresse um processo autofágico, sendo praticamente aniquilada da sociedade.

CAPÍTULO 28

FATALIDADE EVOLUTIVA

— Surpreendentes as mudanças ocorridas nos últimos meses, não, Alexis?

— Sim, Rômulo. Se nós soubéssemos aguardar com paciência os resultados, perceberíamos que, nas Leis de Deus, tudo tende ao equilíbrio e ao reajuste. A paciência não é um simples cruzar de braços, mas, sim, o trabalho persistente, e conforme ensina Emmanuel, pela psicografia de Francisco Cândido Xavier: "Primeiro as flores, depois os frutos". O nobre mentor utiliza-se de uma simples ocorrência da natureza, para demonstrar que nada passa despercebido às Leis Divinas e que os caminhos são corrigidos, todos eles, sem exceção. Estamos diante dos primeiros acontecimentos em relação à transformação dos Espíritos que se habituaram ao uso da força em benefício próprio, ocasionando enormes prejuízos à sociedade e atrasando a evolução de muitos de seus componentes.

— Pelo que você nos informou, Alexis, são quase quinhentos anos de luta, visando à reformulação de Joaquim...

— A decisão de mudarmos nossos interesses, por vezes, é adiada pela força do hábito. Acostumar-se a viver pelo esforço dos outros, infelizmente, ainda não é tão incomum como se pensa.

— Você acredita, sinceramente, que Joaquim possa oferecer alguma abertura em seu campo mental, para que os conceitos do Evangelho de Jesus comecem a agir, depois de tanto tempo de viciação? — perguntou, desta vez, Manoel.

— Não aconteceu conosco, meu amigo? Quanto tempo dispendemos perambulando nas estradas da vida? No entanto, um dia, não nos despertou o desejo de reformulação de nossos propósitos? As boas obras não passaram a ser nossas metas? Não foi mágico nem tampouco milagroso, Manoel. É a semente do amor que está em nós pronta para germinar. Como somos bons em essência, será impossível lutarmos contra a própria lógica da vida, conforme sabemos. A luz triunfará sobre as trevas, podendo demorar um pouco mais ou menos, de acordo com os nossos interesses, mas, não tenhamos dúvida quanto a isso, nossa natureza irá preponderar.

E prosseguiu:

— No caso de Joaquim e Brutus, não teremos alterações repentinas. Traçamos uma estratégia de reencarne para ambos, até porque o processo de simbiose existente não permitirá que se mantenham isolados nestes primeiros movimentos. Recebi a programação para a próxima jornada dos nossos irmãos, que será aparentemente penosa, mas necessária.

— Você poderia ser mais específico, Alexis? — perguntou Rômulo.

— Claro que sim. Pelo uso inadequado do livre-arbítrio, repetindo erros gravíssimos, renascerão como gêmeos siameses, porém, com grande limitação mental. Existem duas razões para isso. A primeira será mantê-los, por certo período de tempo, literalmente escondidos de seus maiores desafetos que clamam por vingança e, segundo, a prisão que será constituída pelas limitações existentes, servirá para que reflitam sobre seus próprios desajustes. Todavia, estamos apenas iniciando o trabalho de reformulação, e a reencarnação limitadora é o basta da própria natureza interior, exausta nela mesma, depois de tanto desequilíbrio. Não é assim com a enfermidade na organização fisiológica? O corpo não se ressente pela postura do indivíduo, seja diante da mesa, ou seja, de qualquer outro tipo de excesso?

— Sim, tem razão, Alexis. Tenho mais uma pergunta...

— Diga, Rômulo.

— E quanto aos outros? Pergunto sobre os Espíritos

que se encontram filiados na falange criminosa, sejam eles desencarnados ou reencarnados.

— Tudo ao seu tempo... É natural que muitos deles reincidam nos equívocos nas próximas reencarnações, até porque muitos estão com a presente existência comprometida, pela prisão perpétua ou, dependendo do estado americano, pela pena de morte. Porém, tenhamos em mente que não repetimos o mesmo erro de maneira idêntica. O Espírito não regride, sendo assim, apesar das atitudes apresentarem certa semelhança, o sentimento que costuma movê-las já não é o mesmo. Somos criaturas dinâmicas, e este valor espiritual age de forma a sermos impulsionados para a frente. Todavia, pela insistência, no que podemos classificar como ignorância de nossa realidade, nos movemos forçando um pouco pela lateral, dificultando a própria jornada.

— Como o indivíduo que pode se utilizar de uma parede como guia em sua caminhada. Vai em frente, porém, pelo atrito que sofre por andar apoiado nela, paga o preço da lentidão, perdendo oportunidades valiosas e, ao mesmo tempo, com grandes possibilidades de chegar ao ponto desejado, bastante arranhado — disse Manoel.

— A ilustração é simples, meu prezado. No entanto,

muito adequada. Isto ocorre comumente, mas com a certeza de que será impossível caminharmos para trás.

— Se fosse de nossa natureza, teríamos nascido com uma visão dupla, não, Alexis? Imagine se tivéssemos olhos também na nuca? Possuindo dois, já observamos e analisamos a vida alheia, o que faríamos se possuíssemos mais um par? — brincou Manoel, fazendo todos sorrirem.

— Apesar deste período que Joaquim e Brutus passarão reencarnados, poderão reincidir em erros graves em novas existências? — voltou a questionar Rômulo.

— Recordemos que se educar no Evangelho, buscando reformar-se, faz parte de um processo. Portanto, em qualquer reforma, podemos encontrar aspectos que nos surpreendam. Não se passa o mesmo conosco? Quantas vezes repetimos um determinado comportamento, conscientes do prejuízo que nos causa?

— Muitas vezes, Alexis. É muito difícil lutar contra as nossas imperfeições...

— Sim, Rômulo, mas não é impossível. Joaquim e Brutus terão sérios desafios pela frente, mas sairão vencedores, porque não existe outra opção. Conforme sabemos de há muito: a bondade em nós é fatalidade evolutiva.

CAPÍTULO 29

QUESTÃO DE JUSTIÇA

– Podemos ter acesso ao programa reencarnatório dos nossos irmãos, Alexis?

— Sim, Rômulo. Vamos até a minha sala e poderemos analisá-lo com mais vagar.

Alexis abriu grande tela instalada na parede de seu gabinete e, para surpresa dos jovens, apresentou a programação reencarnatória de Joaquim e Brutus totalmente ilustrada em imagens, com pouquíssimos textos.

Depois de rápida apresentação, Manoel foi o primeiro a perguntar:

— Achei que foram poucos os pontos tratados em relação à reencarnação dos nossos irmãos. O plano não deveria ser mais detalhado?

— Inicialmente, Manoel, estamos trabalhando com reencarnações que por si só são extremamente limitadas, tanto psíquica como fisiologicamente. Contudo, independentemente do caso que estamos observando, os nossos programas reencarnatórios consideram as fases mais importantes de nossa existência. Caso contrário, nosso livre-arbítrio sofreria extremas limitações, conforme já demonstrado com clareza na obra *Os Mensageiros*, do autor espiritual André Luiz.[4]

E Alexis continuou a ensinar:

— Renascemos contemplando aspectos de crescimento não completamente detalhados. Contudo, pela nossa liberdade de ação, poderemos melhorá-los em muito ou simplesmente negligenciá-los, comprometendo ainda mais a nossa ascensão. Para ilustrar, Manoel, observemos uma programação considerada regular para todos nós e seus principais pontos estratégicos:

1º Nasceremos em local e na família com a qual estamos sintonizados e que melhor se apresente para o nosso processo evolutivo;

2º Conforme o nosso programa, poderemos nos consorciar ou não;

3º Na hipótese de nos associarmos com a companheira ou com o companheiro, esta união poderá incluir a responsabilidade sobre outros Espíritos, quer estes sejam gerados ou adotados;

4º Em qual a atividade ou atividades iremos nos in-

---

4 *Os Mensageiros, livro psicografado pelo médium Francisco Cândido Xavier, com autoria do Espírito André Luiz. Publicado pela Federação Espírita Brasileira no ano de 1944.*

serir para o trabalho no bem ao próximo, para o exercício de nossas reais potencialidades.

5º Quando iremos desencarnar. Claro que não com data específica, porque poderemos estender nossa existência sendo úteis a nós mesmos e para o semelhante ou encurtá-la, de acordo com a nossa maneira de viver.

E concluiu:

— A rigor, meu amigo, você percebe que todos nós estamos capacitados dentro da posição evolutiva, para darmos cabo de nossas provas e sairmos vencedores de nossas reencarnações?

— Mas e os problemas relacionados às doenças, situações inesperadas e assim por diante?

— Manoel, estamos utilizando uma programação dita regular e mais comum que possamos encontrar. Todavia, não existem acasos nas Leis Soberanas de Deus. Todas as limitações e inconvenientes que poderão advir estão relacionados com o livre-arbítrio da criatura, empregado correta ou incorretamente, na existência em que ele se encontra ou nas anteriores. Conforme sabemos, somos herdeiros de nossas próprias ações, ou melhor, de nossos desejos, de nossos pensamentos, que se manifestam em ações, sejam eles conscientes ou inconscientes. Nunca fugiremos de nós mesmos e reside aí a Justiça Divina: "Semeadura livre, colheita obrigatória", seja neste mundo o qual nos encontramos ou em outro.

— Joaquim e Brutus?...

— Estão limitados neles mesmos depois de tantos desatinos, Rômulo — respondeu o mentor.

— Todas as chances de melhoria foram oferecidas e, no entanto, negligenciadas, com sérios agravamentos em suas trajetórias, limitando-os seriamente na próxima reencarnação. Contudo, sem o conhecimento da Doutrina Espírita, teríamos a impressão de que Joaquim, por exemplo, visto por olhos meramente materiais e limitados, teria saído da existência sem a responsabilidade direta dos crimes cometidos. Considerando uma única vida, esta seria realmente a visão, Manoel. Acontece, porém, que os graves compromissos assumidos irão enclausurar nossos irmãos, neutralizando-os por certo tempo no próprio corpo físico, para depois poderem iniciar as suas trajetórias de recuperação.

— Os aspectos limitadores que foram impostos pela liberdade mal utilizada poderão ser repetidos em futuras existências? — questionou Rômulo.

— Infelizmente, este é o quadro. O desequilíbrio no qual esses nossos irmãos vivem remonta-se há muitas reencarnações. Começam agora a terapia que inicialmente amenizará as primeiras impressões da enfermidade. Ambos renascerão extremamente limitados nas futuras existências, corrigindo o câncer que se impuseram pelas atitudes lastreadas no desrespeito às leis, a si mesmos e ao semelhante.

— Alexis, em que momento o campo mental desses nossos irmãos irá se abrir para o início do ajuste diante das Leis?

— Pela enfermidade de Joaquim, Brutus, que se encontra ligado profundamente ao seu companheiro de desatinos, sofreu igualmente grande parte do processo, Rômulo. A doença no corpo físico do nosso irmão quando encarnado minou não somente suas forças físicas, mas também sua resistência espiritual, no que tange a sua insistência em manter-se distante de seu centro, de suas potencialidades divinas. No fim, voltamos para nós mesmos, para dentro de nossa casa, com a opção de utilizarmos os caminhos da dor ou do amor, dependendo para isso de nossas escolhas equivocadas ou acertadas. A justiça, meu amigo, acaba sendo exercida por nós, em nós mesmos.

CAPÍTULO 30

INFORMAÇÕES ADICIONAIS

Certo tempo depois...

— Olá, Alexis, quanto tempo!

— Rômulo, Manoel, sejam bem-vindos... Pelo que vejo vocês estão muito bem. Como vão as pesquisas?

— Estamos trabalhando em novos casos de reencarnações altamente comprometidas e, conforme nossa última conversa, gostaríamos de atualizar os detalhes sobre o processo de Joaquim e Brutus.

— Vejam vocês, como o tempo voa quando estamos comprometidos com o trabalho no bem, não, rapazes?

— Sem dúvida, Alexis... Como estão os nossos irmãos? —perguntou Rômulo.

— Dentro das possibilidades da programação realizada, diria que estão relativamente bem. Creio que uma visita à instituição onde se encontram acolhidos poderá ser de grande proveito. Oque acham?

— Excelente... Quando podemos visitá-los, Alexis?

— Hoje mesmo, Rômulo. O veículo que solicitei para o nosso transporte encontra-se a nossa disposição. Se vocês estiverem de acordo, podemos partir imediatamente.

— O que estamos esperando? — questionou Manoel, entusiasmado, retirando sorrisos de todos.

A viagem em transporte aéreo foi rápida, cobrindo

o trajeto em menos de uma hora. Desembarcaram em uma instituição especializada no tratamento de casos semelhantes aos dos nossos irmãos recém-reencarnados.

— Estou impressionado com as instalações, Alexis — comentou Manoel.

— Trata-se de uma entidade fundada há mais de cinquenta anos por nobres companheiros espíritas, que se aperfeiçoaram no atendimento de Espíritos reencarnados, cujas provas são de natureza corretiva mais acentuada. Em geral, a grande maioria foi abandonada pelos pais, que não se responsabilizaram pela continuidade dos compromissos assumidos diante da vida.

— Considerando que nada é por acaso... — falou Rômulo.

— Você está certíssimo. O mesmo episódio ocorreu com Joaquim e Brutus. A bênção da reencarnação para ambos ocorreu por intermédio de uma jovem que utiliza seu corpo para angariar recursos financeiros. Comprometida com a falange de Brutus, aceitou inicialmente a ideia de ser mãe, contudo, ao ver o estado em que os gêmeos se encontravam quando do nascimento, abandonou-os na porta desta valorosa instituição. As oportunidades de resgate que a nossa irmã teria com o sacrifício em favor deles redimiriam em muito seus desatinos dentro do campo da afetividade, no entanto...

— Talvez a pobreza de recursos e o próprio desequilíbrio em si tenham servido para a falência de nossa irmã, não, Alexis?

— Manoel, o Senhor da Vida não abandona nenhuma de Suas criaturas. Ela reside à pequena distância da instituição que estamos visitando no momento, não por mero acaso. Além da assistência que seria prestada diretamente aos seus filhos, estava programada a oferta de emprego digno e remunerado nesta entidade.

— Ela trabalharia aqui? — perguntou Manoel extremamente surpreso.

— Sim. Desta forma, poderia acompanhar com proximidade e regularidade Joaquim e Brutus, servindo-lhes de apoio maternal, sendo que este item, no caso de ambos, é de fundamental importância. Lembremos que a relação deles com a questão do respeito aos genitores está altamente comprometida. Recebendo o carinho e o desvelo de uma mãe dedicada, teriam estimulado em seus psiquismos o valor do amor incondicional de Deus, que lhes abririam fendas importantes em seus campos mentais, permitindo que seus resgates futuros fossem mais abrandados.

— E agora? — questionou Rômulo.

— Embora haja o compromisso de nossas irmãs que se voluntariam como verdadeiras mães nesta nobre instituição, o abandono por parte da genitora, apesar da inconsciência em que se encontram, ficará registrado. A rejeição é tarefa difícil para irmãos que se encontram neste nível de compromisso, como é o caso deles. Claro que a Providência Divina disponibiliza outros recursos para atender a todas as necessidades, mas este ponto de fundamental importância terá que ser também trabalhado pelos nossos irmãos em reencarnação futura.

— Não seria o caso, Alexis, de valorizar os aspectos relativos ao desprezo dispensado? Falo particularmente em relação ao Joaquim, que assassinou brutalmente seus pais.

— Manoel, o Senhor não se utiliza de castigo e revanchismo em Suas Leis Divinas. Não precisamos passar pelas mesmas provas a que submetemos os outros. Caso isso ocorresse, abriríamos um círculo vicioso do qual não sairíamos nunca. Quantas vezes, um irmão desequilibrado teria que desencarnar violentamente para sanar compromissos com a retaguarda, quando tirou a vida de seus semelhantes? Não seria melhor aguardar a sua conscientização e disponibilizar tarefas sacrificiais para dar vida ao seu próximo, em lutas gigantescas por recursos em comunidades carentes, geralmente pagando com a própria existência a defesa dos nobres ideais? Naturalmente, Joaquim e Brutus terão sérios desafios pela frente, em virtude dos desatinos cometidos. Conforme é do nosso conhecimento, a evolução se dá pelo amor ou pela dor. Logo, na evolução pelo amor, todos nós teremos provas de burilamento pela frente, todavia, a expiação estará sempre relacionada com a negligência do exercício do bem, pelo Espírito recalcitrante.

— Faz sentido... — concordou Manoel.

— E a relação de Joaquim com os seus pais anteriores, como será solucionada? — perguntou, desta vez, Rômulo.

— Todos nós trabalharemos juntos para a recuperação de Joaquim, Brutus e a falange que os acompanha. Paulo e Josiane, depois de provas redentoras em outras paragens, poderão servir como Espíritos amigos, auxiliando diretamente os mentores envolvidos nesta intrincada trama, colaborando para o desenvolvimento do grupo.

— Bem, meus amigos, a conversa está boa, mas vamos entrar e visitar os nossos queridos internos? — convidou o mentor.

CAPÍTULO 31

VISITA ÚTIL

—Rapazes, aí estão Joaquim e Brutus, desdobrados pelo sono reparador...

— Como Deus é bom, não, Alexis? Digo isso em todos os sentidos, mas principalmente na condição em que se encontram nossos irmãos.

— Com certeza, Rômulo... A organização fisiológica é uma bênção para o Espírito, porque, além de servir de câmara de reparação para muitas lesões causadas no períspirito, acoberta as deformações existentes. Olhando pelos dois prismas, tanto físico como espiritual, isto fica patente, porque, se os companheiros reencarnados pudessem divisar sob a mesma ótica, certamente muitos deles não suportariam a visão, tamanha a deformidade que infelizmente Joaquim e Brutus apresentam.

— Vejo uma terceira entidade praticamente fundida entre os dois. De quem se trata? — questionou Manoel.

— Este é o nosso irmão que atende pelo codinome de Cavalo, que está seriamente envolvido com os dois reencarnados, em processo de dependência obsessiva de longa data. Bem, para que a nossa visita seja proveitosa em todos os sentidos, recorramos à prece e, logo após, façamos a aplicação de bioenergia — convidou o mentor.

Enquanto Alexis orava em favor dos desventurados irmãos, uma atmosfera sutil de luz prateada foi se formando, envolvendo todos os que se encontravam no ambiente. Quando da aplicação direta dos fluidos por parte do mentor, as três entidades, jungidas como se fosse um emaranhado de corpos, respiravam a longos haustos, absorvendo grande parte das doações magnéticas.

Logo depois da assistência recebida, Joaquim e Brutus foram despertando no corpo material suavemente e iniciaram os primeiros movimentos, para espanto de Manoel.

— Meu Deus, Alexis... Da forma em que os corpos se encontram unidos, eles andam como se fossem um aracnídeo com duas cabeças, sem muita noção de direção.

— Manoel, antes da atitude perplexa diante da dificuldade alheia, busquemos o padrão vibratório elevado para dirigirmos energias de sustentação, paz e equilíbrio. Do que vale para o enfermo a visita que se debulha em lágrimas ou em lamentações de pena para o restabelecimento de sua saúde? Nossa primeira atitude para com o sofrimento alheio é a da prece e vibrações de bem-estar, sustentação e paz, nunca sentir pena pelo estado em que a pessoa se encontra, porque as energias enviadas costumam ser de baixo teor.

— Desculpe, Alexis, por ter perdido o controle...

— O que é isso, Manoel? Entre irmãos em aprendizado, as desculpas são desnecessárias. Ainda somos muito mais reativos, de acordo com o estado evolutivo em que nos encontramos. O fato de estarmos um pouco mais esclarecidos sobre a vida fora da matéria densa, não nos coloca na posição de "anjos". A caminhada para a verdadeira espiritualização está apenas começando.

— Obrigado pela compreensão, Alexis. É sempre bom termos um amigo que nos relembre certas posturas diante da dor.

— Manoel, o trabalho é de mão dupla. No final, somos todos dependentes uns dos outros, ligados pelo amor de Nosso Pai.

— É verdade... E agora, Alexis, quais serão os próximos passos em relação a Joaquim, Brutus e o irmão desencarnado.

— Estamos iniciando o processo lento de reparação. Creio que, em alguns séculos, teremos novamente grande parte da falange reunida e, então, deveremos reencarnar em família, tendo Paulo e Josiane, provavelmente, como os iniciadores do clã.

— Entendi bem? Você disse: deveremos reencarnar daqui alguns séculos, em família? — perguntou Rômulo.

— Foi exatamente isso que você ouviu, meu amigo. Terei a felicidade em reunir-me com Joaquim e Brutus, quando estes estiverem um pouco mais equilibrados, mesmo depois de tanto tempo de lutas e duro aprendizado, e serei responsável como irmão mais velho de ambos, em apresentar-lhes o Evangelho de Nosso Senhor. E com isso, buscar iluminar-lhes o coração.

— Jesus... Alexis, que missão difícil...

—Certamente não será fácil e levará muito tempo, Rômulo. Mas, afinal, para que serve o conhecimento do Evangelho sem a prática do amor? Recordemos: é impossível ser feliz, enquanto encontrarmos nossos irmãos vivenciando dor e sofrimento.

— Concordo totalmente... —respondeu Rômulo.

— Eu também... — confirmou Manoel.

— Bem, já que estamos de acordo, vamos retornar as nossas atividades assistenciais, porque visita útil é aquela que sempre está disposta a auxiliar em nome de Jesus...

www.ingramcontent.com/pod-product-compliance
Lightning Source LLC
Chambersburg PA
CBHW060741050426

42449CB00008B/1282